RAPPORT

PRÉSENTÉ A

MONSEIGNEUR L'ÉVÊQUE DE VALENCE

SUR LES

ORIGINES DES HOPITAUX

de son diocèse.

par l'Abbé **MAZET**,

CHANOINE - DOYEN

VALENCE

IMPRIMERIE VALENTINOISE, PLACE SAINT-JEAN

—

1905

RAPPORT

PRÉSENTÉ A

MONSEIGNEUR L'ÉVÊQUE DE VALENCE

SUR LES

Origines des Hôpitaux

de son diocèse.

par l'Abbé MAZET,

CHANOINE – DOYEN

VALENCE

IMPRIMERIE VALENTINOISE, PLACE SAINT-JEAN

—

1905

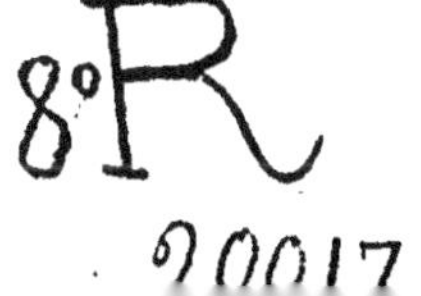

LETTRE DE MONSEIGNEUR L'ÉVÊQUE DE VALENCE

à M. le Chanoine MAZET,

Doyen du Chapitre de la Cathédrale.

ÉVÊCHÉ
DE
VALENCE

Valence, le 8 mai 1905.

CHER MONSIEUR LE DOYEN,

Ce n'est pas seulement avec un vif intérêt, mais avec une satisfaction profonde que j'ai pris connaissance du mémoire que vous publiez sur les Institutions charitables de la ville et du diocèse de Valence.

Appuyé sur des documents sérieux, vous démontrez, à ceux qui veulent être éclairés, que tous les établissements hospitaliers fondés en faveur des pauvres, des malades et des orphelins sont l'œuvre de l'Eglise qui les a institués et rendus prospères. Evêques, chanoines, curés, pieux fidèles, se sont dévoués à l'envi pour recueillir et assister les enfants, les vieillards, les infirmes et les malheureux ; tantôt les soignant de leurs mains, tantôt multipliant les ressources pour les faire vivre et leur rendre la santé.

Comment ne pas admirer la charité généreuse de Mgr de Milon, qui lègue 728.000 livres à l'hôpital et aux pauvres; de Mgr de Catelan, de Mgr de Graves et de tant d'autres qui ont consacré des sommes très considérables à faire construire des orphelinats et des hospices ? Comment n'être pas ému en voyant de nobles femmes des plus hautes classes, mêlées à d'autres d'une condition modeste, se faire infirmière ou garde-malades pour soulager tous ceux qui souffrent ? Elles ne portèrent pas tout d'abord l'habit religieux, mais elles étaient de vraies servantes de Jésus-Christ et avaient des cœurs d'hospitalières.

Plus tard, des congrégations religieuses, façonnées à plus d'abnégation par les pratiques d'une vie régulière, leur succédèrent dans les hôpitaux, et gagnèrent la confiance des autorités civiles au point de se voir rappelées, avec instances, par ceux-là mêmes qui les avaient expulsées.

Quelle leçon ! pour les réformateurs de notre temps, qui ne songent qu'à laïciser, au détriment des malades livrés à des mains mercenaires, et aux dépens des contribuables, chargés de combler les vides creusés par l'incurie et la dilapidation. La laïcisation est à l'ordre du jour, et nos pauvres petites villes croient s'honorer en suivant l'exemple des municipalités des grandes cités, qui laïciseraient Dieu Lui-même si elles croyaient en lui.

Je sais d'avance que mes protestations n'auront aucun écho, mais j'ai le droit et le devoir d'affirmer que l'Eglise n'a jamais cessé d'être fidèle à sa mission de charité et qu'elle la remplit avec une générosité inimitable. J'ai le droit et le devoir de rendre hommage au désintéressement sans borne de mes vénérés prédécesseurs et de réclamer pour eux la reconnaissance due à leurs bienfaits. La confiscation des biens du clergé nous a mis dans l'impossibilité de continuer les largesses de ces vénérables prélats ; les conditions ne sont plus les mêmes, ce sont les fidèles qui pourvoient aux besoins de leurs pasteurs ; mais la spoliation n'a pas changé les cœurs chrétiens, et tous, malgré la pauvreté que nous subissons, nous restons disposés à donner, sinon des trésors qu'on nous a ravis, du moins notre cœur et notre vie pour nos frères.

Je vous remercie de m'avoir fourni l'occasion d'exprimer ces sentiments et d'accomplir un acte de justice. Je fais les vœux les plus sincères pour la diffusion de votre écrit, dont la lecture redressera bien des idées, et je vous prie, cher Monsieur le Doyen, d'agréer, avec mes félicitations reconnaissantes, l'assurance de mon affectueux respect.

† CHARLES, Evêque de Valence.

RAPPORT

présenté à Monseigneur l'Evêque de Valence

SUR

LES ORIGINES DES HOPITAUX DE SON DIOCÈSE

MONSEIGNEUR,

Successeur des anciens évêques de Valence, qui furent les fondateurs et, souvent, les insignes bienfaiteurs de nos hospices, votre cœur s'est ému des rumeurs annonçant le renvoi des religieuses qui desservent si généreusement ces maisons de charité.

Votre sollicitude a partagé les craintes de beaucoup d'hommes indépendants et instruits, affirmant que ces essais de laïcisation seraient funestes à ces institutions si utiles, comme ils le furent aux jours de la Terreur révolutionnaire.

Dans ces douloureuses circonstances, il vous a semblé, Monseigneur, qu'un exposé, même succinct, des souvenirs se rattachant aux œuvres hospitalières, nées sur le sol de notre pays, serait un hommage à l'Eglise qui les a inspirées, un témoignage de reconnaissance à tant de généreux chrétiens qui les ont soutenues et protégées, à tant d'humbles religieuses qui passèrent leur vie auprès du chevet de pauvres malades souvent inconnus. Peut-être, de nos jours, n'obtiendront-elles, sur la terre, pour récompense, qu'un décret de brutale expulsion !

Un enseignement ressort de cet ensemble de faits puisés dans notre histoire locale.

Voici quinze siècles que, dans nos contrées, au milieu de guerres, de désastres de toutes sortes, à des époques même pendant lesquelles aucun gouvernement régulier ne pouvait assurer une protection, partout, dans nos villes, dans les bourgs, dans les villages, s'élevaient des *Maisons de l'Aumône, des hôpitaux, des œuvres de charité*, ouvertes à toutes les maladies, à toutes les afflictions. Ce perpétuel miracle, à qui le devons-nous ? à l'Eglise, à ses évêques, à ses religieux, à ses prêtres.

Nous le devons à la doctrine de N.-S. Jésus-Christ ; seul, il pouvait, en promettant les trésors du Ciel, déterminer ses disciples à sacrifier les biens de la terre au soulagement des malheureux.

Aujourd'hui, comme autrefois, il peut dire à ses ennemis : « Pour lequel de mes bienfaits me haïssez-vous? Avant de condamner mon Eglise, jugez-la d'après ses œuvres ».

Ces œuvres, on travaille à les détruire.

On a fermé nos écoles ; on veut nous enlever les églises que nos pères ont bâties. On pénètre jusque dans l'asile du pauvre pour en chasser le Christ et les vierges consacrées à son service et au service de l'indigent.

D'autres ont montré que nos écoles, fondées par le clergé, furent de puissants instruments de civilisation ; que nos églises, en grand nombre œuvres des moines, attestent la piété et le savoir des fervents chrétiens qui les ont élevées.

Puisse cette énumération des instituts charitables, qui ont pris naissance en notre diocèse, montrer également que l'Eglise a toujours été la bienfaitrice des affligés. A ce titre, elle a droit à la reconnaissance et au respect de tous; elle a droit, surtout, à l'attachement de ceux qui travaillent, qui luttent dans la peine : ils n'ont jamais eu de soutien plus dévoué.

Votre Eglise diocésaine, Monseigneur, a été, en tous les temps, très généreuse envers ceux qui souffrent ; sa générosité n'a pas diminué, de nos jours, il nous sera facile de le montrer.

Nous voudrions que ces souvenirs, certainement chers à votre cœur d'évêque, fussent, pour Votre Grandeur, une consolation au milieu des tristesses du présent.

C'est la pensée qui m'encourage à vous présenter cet humble et trop défectueux travail ; quel qu'il soit, il vous rappellera une des gloires de votre Eglise.

I

PREMIÈRE FLORAISON DES ŒUVRES DE CHARITÉ

La charité envers les pauvres est née avec la religion chrétienne. On sait que chez les païens, la pitié était considérée comme une faiblesse dont il fallait se défaire. Mais les disciples de Jésus-Christ, mettant leurs biens en commun, en font profiter tous leurs frères. Dès le début des *Actes des Apôtres* (chap. VI) apparaît la création du premier institut de charité : sept diacres sont élus pour veiller à la distribution des aumônes.

Ces diacres furent fidèles à leur mission. Vers l'an 250, le préfet de Rome mande le diacre Laurent, disciple du pape Saint-Sixte : — « Livre-nous, dit le magistrat, les richesses de l'Eglise de Rome. » — Le diacre montre les infirmes, les vieillards, les veuves, les orphelins, dont la multitude lui était confiée. — « Voilà, dit-il, les richesses de l'Eglise. »

Dans la réponse du courageux martyr, il y avait la constatation d'un fait, mais aussi une grande vérité : en outre des mérites éternels acquis devant Dieu par la pratique de la charité, les soins donnés par l'Eglise à tous les souffrants sont, son honneur et un de ses plus puissants moyens d'apostolat, sa vraie richesse.

A l'exemple des apôtres, les évêques furent toujours les zélés protecteurs des intérêts des malheureux.

Léproseries.

Pour ne parler que de ceux de notre pays, nous voyons qu'en 549, un évêque de Valence, nommé Gallus, assiste au cinquième concile, tenu à Orléans. Dans cette assemblée, soixante-douze prélats français renouvellent des ordonnances pleines de sollicitude en faveur même « des détenus dans les prisons pour des cri« mes dont ils sont coupables. Ils seront visités, tous les diman« ches, par l'archidiacre ou par tel autre que l'évêque voudra « préposer à ce soin ; afin que non seulement ils reçoivent quel« ques consolations, mais que l'Eglise pourvoie, si il est néces« saire, à leur nourriture » (1).

____

(1) Voir *Les Antiquités de l'Eglise de Valence*, par Jean DE CATELAN, pp. 101 et suivantes.

Ils ajoutent, dans le canon suivant : « A l'égard des malades,
« quoique la charité des pasteurs et des fidèles doive être uni-
« verselle pour toute sorte de maladies, il convient d'exercer
« surtout cette charité à l'égard de certaines maladies répandues
« dans le peuple, comme la lèpre, qui, pouvant se communiquer
« aux autres, laisse souvent sans secours ceux qui en sont atteints.
« Que chaque évêque soit donc instruit du nombre de ces mala-
« des appartenant à son diocèse et qu'il pourvoie aux besoins de
« ceux que la pauvreté prive des secours nécessaires ».

Peu d'années après, en 584, un successeur de Gallus sur le
siège de Valence, Ragnoalde, assiste au troisième concile de Lyon,
lequel réitère l'ordre de tenir un état exact de tous les lépreux et
de pourvoir à tous leurs besoins.

Nous voyons là l'origine de ces nombreuses *léproseries, maladreries, maladières* qui ont laissé leurs noms à de nombreux
quartiers épars dans nos campagnes. Pour éviter la contagion, on
avait placé ces hospices en dehors des villes, mais le clergé s'était
donné la charge de pourvoir les malades des soins et des consolations que nécessitait leur triste état.

On a compté en France jusqu'à deux mille léproseries et vingt
mille dans toute la chrétienté.

Maisons de l'Aumône.

Parmi les œuvres primitives instituées en nos contrées par la
charité chrétienne, apparaissent d'abord les *Maisons de l'Aumône,
domus eleemosynaria*.

La maison de l'Aumône, ou plus brièvement l'*Aumône*, paraît
avoir été, dans nos régions, la forme première des œuvres publiques de charité. En Orient, berceau du Christianisme, l'hôpital,
avec ses divers services, apparaît plus tôt ; à Rome, une noble
dame, Fabiola, en établit plusieurs, dès la fin du iv⁰ siècle.

En Occident, les invasions des barbares ne permettent pas la
création de grands établissements. Toutefois les chrétiens veulent
appliquer les maximes du divin Maître : « Un verre d'eau donné
en mon nom sera récompensé dans le Ciel ». Ils ont garde d'ou-
blier la parabole du bon Samaritain.

La maison de l'Aumône était une fondation assurant des distributions de blé ou autres choses nécessaires à la vie, faites aux
indigents, soit à certaines époques déterminées, aux jours de fête

religieuses, soit dans les moments de disette. Souvent cette fondation reposait sur une maison consacrée, à perpétuité, à ce pieux
usage ; elle pouvait renfermer quelques chambres, quelques
meubles, mis au service des pauvres malades. En plusieurs communes de notre département, on rencontre encore des champs
désignés sous le nom de *terres des pauvres ;* leurs revenus sont
demeurés affectés à des œuvres de bienfaisance ou sont distribués, comme autrefois, en aumônes manuelles. Pendant tout le
moyen âge, chaque bourg et presque chaque village possédaient
de ces *biens des pauvres.*

A Romans, l'hôpital de Sainte-Foy, le plus ancien de tous, est
d'abord désigné sous le titre de *Maison de l'Aumône* (1). Elle fut
fondée, au milieu du onzième siècle, *au mas de la Bouverie,* par
les religieux de l'abbaye de Saint-Barnard, avec le concours de
quelques seigneurs. C'est sur cet emplacement, appartenant, de
nos jours, à la Maison-Mère des Sœurs hospitalières de Sainte-
Marthe, que furent bâties « la première *maison* et *église* de l'Aumône » mentionnées dans les archives de l'abbaye de Saint-
Barnard.

Nous trouvons la seconde mention d'une maison de l'Aumône,
dans le Cartulaire de St-Pierre du Bourg, à Valence, précieux recueil
dû aux savantes investigations de M. le chanoine Chevalier, fils
du docteur Chevalier. L'évêque de Valence, Humbert, dans une
charte, datée de septembre 1210, concède à l'église du Bourg
« une maison, qui sera à perpétuité libre et exempté de toutes
réclamations de la part de ses successeurs ou de qui que ce soit ».
Cette maison est appelée : *Aumônerie, domus eleemosynaria.* Elle
existait déjà au temps de l'évêque Eustache, en 1107.

Nos archives sont pauvres en souvenirs de fondations hospitalières Elles ont été si souvent dévastées par les guerres, surtout en
1562 et 1567, que nous ne devons pas en être surpris. De plus,
remarquons que les œuvres hospitalières fondées et entretenues
par les évêques, chapitres ou monastères, n'avaient pas d'intérêts
distincts, ils étaient confondus avec les intérêts des églises. Les
anciennes donations sont faites aux églises et servent non seulement à l'entretien des prêtres, mais aussi des écoles et hôpitaux,

---

(1) Voir *Essais historiques sur les hôpitaux de Romans,* par le docteur
CHEVALIER. Nous aurons souvent l'occasion de citer les travaux, si sûrs, de
MM. Chevalier.

considérés par le peuple comme des annexes de la Maison de Dieu. Dans les actes, l'église seule est nommée, ou mieux, le saint sous le vocable duquel elle était placée.

Hôpitaux et églises épiscopales.

Nous avons une preuve de l'union des hôpitaux avec les églises, dans l'établissement du plus ancien hôpital de Valence, près de l'église de Saint-Jean, à côté de la maison qui paraît avoir long-temps servi de résidence à nos évêques. Cette maison épiscopale elle-même est appelée *Hospitium Sancti Antonii*, hospice de Saint-Antoine.

Pour mieux comprendre comment étaient édifiés et distribués les établissements hospitaliers, au moyen âge, essayons d'une excursion dans la vieille cité valentinoise.

Le voyageur, descendant le cours du fleuve, devait être invité, par la beauté du paysage, à s'arrêter dans une baie, formant un port naturel au devant du Bourg-lès-Valence. La vieille tour Constance protégeait les embarcations nombreuses en ce détour du Rhône. Notre voyageur pouvait admirer le cloître et la basilique Saint-Pierre, dans laquelle avait prié, au vi⁰ siècle, sainte Galle, libératrice de la ville. A titre d'étranger, il pouvait user des bienfaits de la maison de l'*Aumône*, établie près de cette église Saint-Pierre.

Mais son regard n'aurait pas tardé à s'élever vers le sommet de la ville, bâtie en amphithéâtre. Dominant tous ces étages de maisons, apparaît l'église Saint-Jean, avec sa tour carrée, basilique non moins ancienne, ni moins belle que l'église du Bourg. Diverses institutions forment comme une garde d'honneur autour de la maison de Dieu. Dans le langage populaire, ces divers établissements ecclésiastiques sont appelés l'*enclos de l'église*. Cet enclos demeurera, pendant tout le moyen âge, soumis à une judicature particulière. Son nom est celui du patron de l'église. Les donations sont faites à Saint-Jean-Baptiste, c'est Saint-Jean-Baptiste qui vend, alberge, prononce des jugements, nourrit ses clercs et protège ses malades. Ainsi sont formulés les vieux actes.

Au midi de l'église Saint-Jean, se trouve la résidence épiscopale, entourée par deux hôpitaux.

Ne soyons pas surpris de voir deux hôpitaux autour de la maison épiscopale. Les conciles d'Aix-la-Chapelle, de Mayence (x⁰ et xiᵉ siècles), ordonnent aux évêques d'établir, auprès des églises principales, une maison pour leurs prêtres infirmes et un hôpital pour les pauvres malades. Un chanoine devait être préposé aux soins à donner aux pauvres. Le concile de Mayence fait quatre parts du revenu de chaque église : une pour l'entretien de l'évêque (*mensa episcopi*), la seconde pour les chanoines et les clercs, la troisième pour les pauvres, la quatrième pour l'entretien du sanc·tuaire.

Ainsi, vers l'an 1000, autour de cette antique église de Saint-Jean, la maison de Dieu possède là toutes ses dépendances : la résidence de son évêque, son cloître, avec son école cléricale, et ses deux hospices : l'un, sous le même vocable que l'église, recevra les malades de Valence jusque vers l'an 1818, et ne s'éloignera pour être annexé à l'hôpital actuel que parce qu'on le trouvera trop resserré au centre de la ville ; l'autre, sous le vocable de Saint-Antoine, a abrité les malades atteints du *mal des ardents*, mal qui n'a pas dû sévir longtemps dans notre contrée, puisque nous voyons cette maison perdre bientôt ce titre d'hôpital (1). Au moyen âge, chaque invasion d'une maladie contagieuse fait ouvrir un hôpital spécial.

A la distance de huit siècles, cet enclos Saint-Jean, dominant Valence, nous apparaît comme un nid paisible, dans lequel on n'entend que la psalmodie de la prière et le gazouillement des petits écoliers s'élevant au-dessus des gémissements des malades des maisons hospitalières. Toutefois ce nid a été souvent agité par la tempête. Ce qui nous frappe le plus, c'est le soin que la Providence a pris, pendant tant de siècles, de la maison de Dieu et de la maison du pauvre.

En l'an 1100, c'est l'époque de l'anarchie féodale. Chaque seigneur est souverain en son castel, il n'y a plus d'autorité supérieure. L'évêque, dont l'autorité morale est très grande, se voit attaqué par tous les puissants qui veulent se partager les lambeaux du

---

(1) M. Dupré de Loire, *Recherches sur les établissements de Valence*, p. 69, cite une lettre du maire de Valence, 1801, rappelant que la maison Saint-Antoine, après avoir servi de résidence épiscopale, fut cédée à la ville, comme hôtel-de-ville, par les évêques, lorsque ceux-ci eurent construit un palais épiscopal près de la nouvelle cathédrale Saint-Apollinaire. Cet hôpital Saint-Antoine avait été fondé et desservi d'abord par les religieux Antonins, dont l'église abbatiale, au pays de ce nom, près Saint-Marcellin, est encore une des merveilles du Dauphiné.

pouvoir. Ce sont des guerres perpétuelles. Cependant la barbarie s'arrête au parvis de ces églises, servant de refuge aux clercs, aux malades, à tous les malheureux.

De nos jours, on a déjà séparé l'hôpital de l'église ; toutefois la Sœur hospitalière veille encore le malade, en portant sur la poitrine sa petite croix ; l'impiété s'arrêtera-t-elle devant ce dernier vestige rappelant l'origine chrétienne de nos hôpitaux ?

Les Hospitaliers-Pontifes.

Les pauvres malades et infirmes ne sont pas les seuls à avoir besoin d'un abri et de secours.

Les étudiants en quête d'une instruction plus complète, les apprentis et ouvriers désireux de se perfectionner dans leur art, ont souvent été dans la nécessité de s'éloigner du toit paternel. On ignore trop de nos jours combien a été grande et efficace la sollicitude de l'Eglise, de ses évêques et de ses moines, envers tous « les allants et venants », à des époques où les routes et chemins étaient rudimentaires, les arrêts forcés nombreux et les moyens de transport presque inconnus.

Au moyen âge, les papes, à la demande des évêques, accordaient des indulgences à ceux qui donnaient des aumônes pour l'établissement des ponts sur les fleuves. Des Ordres religieux se constituaient pour accomplir les travaux difficiles et bien dangereux, nécessités par ces ouvrages si importants. On admire, à l'extrémité du diocèse de Valence, le célèbre Pont-Saint-Esprit qui a donné son nom à la ville adjacente. D'une solidité remarquable, il est formé de vingt-deux arches, sa longueur est de mille mètres. Il fut construit avec le produit des aumônes recueillies par des moines ; commencé en 1265, il ne put être terminé qu'en 1309. Les Religieux-Pontifes ajoutèrent à cette œuvre un hôpital en faveur des pauvres voyageurs.

Récemment, un écrivain, instruit, mais aimant la plaisanterie, disait, en parlant des ponts qui relient les deux rives de la rivière de la Drôme, que celui de Livron avait été primitivement bâti *à coups d'indulgences*. Nous sommes persuadés qui si ce plaisant avait été, autrefois, obligé à traverser notre rivière, sans pont, au jour des fortes eaux, il aurait été le premier à donner des aumônes et à réciter les prières pour gagner les indulgences. Un pont était certainement une bonne œuvre, une charité méritoire.

Récemment, un de nos meilleurs érudits, M. le chanoine Jules Chevalier, trouvait une lettre de recommandation, donnée par le Pape Lucius III (1181-1185) à un Frère Pontife quêtant pour l'établissement d'un pont sur le Rhône.

Hospice Saint-Bernard.

A cette époque de foi chrétienne ardente, le moine hospitalier apparaît partout où il y a un service à rendre aux voyageurs exposés au danger. Dès l'an 982, il héberge en son monastère du Grand Saint-Bernard ceux qu'une terrible nécessité oblige à traverser les Alpes. Ce dévouement s'est maintenu jusqu'à nos jours. A une altitude de deux à trois mille mètres, avec une température souvent de plus de vingt degrés de froid, ces bons religieux, aidés de leurs chiens, vont, à travers les pics escarpés, au secours des voyageurs égarés ou évanouis dans la neige.

Quoique cet Ordre n'appartienne pas à notre Dauphiné, les montagnes, témoins de son héroïsme, en sont si rapprochées, que nous pouvons bien rappeler les services rendus à des hommes dont, sans doute, beaucoup appartinrent à nos contrées.

Prieuré Saint-Ruf.

Mais, pour ne parler que des instituts charitables de notre pays, citons un puissant Ordre religieux qui, pendant plus de six cents ans (1158-1780), a édifié notre contrée et fut une gloire pour la ville de Valence. Pour que ce souvenir apparaisse plus vivant, tout en demeurant très conforme à la vérité, rappelons un fait historique.

En 1154, les cardinaux élurent pape un Anglais, d'une naissance obscure, Nicolas Breakspeare, qui prit le nom d'Adrien IV. Comment cet Anglais parvint-il à la plus haute dignité de l'Eglise ?

Jeune encore, le désir de l'étude l'avait porté à sortir de l'Angleterre, presque encore barbare. En France, grâce aux nombreux monastères, le voyageur, mais surtout le jeune étudiant, désigné alors sous le titre de clerc, était assuré de trouver toujours une généreuse hospitalité. Le savant Mabillon affirme, dans les *Annales Bénédictines*, que déjà, au vi^e siècle, les vallées de la Saône et du Rhône comptaient quatre-vingts monastères. « Dans le viie siècle, des essaims de moines, dit un contemporain, se répandirent dans tous les bourgs et villages » (1).

Au xiᵉ siècle, ces ordres monastiques s'étaient multipliés, preuve certaine de leur utilité. A Avignon, des chanoines avaient formé un nouvel institut sous le titre de Saint-Ruf. Dès ses premières années, vers 1050, une dépendance de cet Ordre s'établissait à Valence, sous le vocable de Saint-Jacques. Les chartes l'appellent *hospitium*, maison d'hospitalité (2).

Le jeune Nicolas Breakspeare s'est-il arrêté, après ses longues journées de marche, dans cette maison de Valence ? Ce détail est obscur. Mais nous savons qu'en 1142 il fut nommé abbé de l'Ordre de Saint-Ruf. Le pape l'envoie, pour défendre les intérêts de l'Eglise, jusqu'en Norvège. A son retour, il est créé cardinal, évêque d'Albano. Sa douceur, la haute intelligence dont il avait donné des preuves dans les nombreuses difficultés qu'il avait rencontrées, le firent choisir pour le Souverain Pontificat.

A peine installé, il se rappelle les anciens religieux qui l'avaient recueilli dans son adolescence. Les hérétiques Albigeois les avaient chassés d'Avignon, ils s'étaient réfugiés auprès de leur ancien prieuré de Valence. C'est là que le nouveau pape leur écrit qu'il ne peut pas ne pas avoir une prédilection spéciale pour une maison qui lui avait ouvert « la voie du savoir et de l'honneur. »

Nous pourrions citer d'autres exemples de jeunes étudiants auxquels la charité des moines ouvrit le chemin du savoir, de la vertu et du mérite. Les moines ont été les apôtres du Christ, mais aussi les persévérants propagateurs de la civilisation. On n'a pas tout dit lorsqu'on a proclamé qu'ils avaient conservé dans leurs cloîtres les chefs-d'œuvre littéraires de l'Antiquité ; sans leurs nombreuses maisons, appelées dans les actes tantôt monastères, tantôt hospices, parce que leurs portes étaient toujours ouvertes aux étrangers, parce que leurs ressources étaient toujours au service des pauvres et des malades, sans leur généreuse hospitalité, toutes relations, au temps de la féodalité, eussent été perpétuellement impossibles.

---

(1) MARTIN, *Les Moines*, t. I, page 97.

(2) Une rue de Valence conserve encore de nos jours le souvenir de cette maison : c'est la rue *Saint-James*. Probablement les nombreux voyageurs espagnols qui séjournaient en cette demeure hospitalière ont laissé ce nom altéré par les gens du pays.

Pour juger de l'influence civilisatrice des Ordres religieux au moyen âge, rappelons que le seul institut valentinois de Saint-Ruf étendait son action, par ses nombreux prieurés, depuis la Norvège jusqu'en Tunisie, à travers l'Allemagne, la Suisse, la France et l'Espagne (1). On comprendra qu'à cette époque le plus sûr moyen de correspondance était fourni par de tels établissements. D'autres Ordres avaient des ramifications encore plus étendues. Ces institutions formaient le véhicule le plus sûr pour la civilisation.

Ne craignons pas de l'affirmer : la guerre actuelle contre les instituts religieux est un acte d'ingratitude, un attentat contre la Religion et un crime contre les malheureux que l'on prive ainsi du secours le plus généreux et le plus efficace.

Mais, nous dira-t-on, ces grands Ordres monastiques ont disparu. Citons des souvenirs plus modernes, dans lesquels la charité nous apparaîtra toujours inspirée par la Religion et toujours servie par des dévouements sincèrement religieux.

II

MULTIPLICITÉ DES MAISONS HOSPITALIÈRES

Nous avons montré comment, dès les débuts, sous l'impulsion donnée par les conciles, les églises épiscopales et abbatiales avaient établi les premières maisons hospitalières. Mais leur exemple est bientôt suivi. La divine lumière de l'Evangile suscite partout les dévouements envers ceux qui souffrent.

Au moyen âge, les œuvres de charité ont un caractère particulier : elles naissent spontanément, dans la plus complète liberté ;

---

(1) Les monastères, connus autrefois sous le nom de Saint-Victor, à Paris et à Marseille, avaient embrassé la règle de Saint-Ruf. Lyon et Montpellier ont possédé des maisons importantes de cette abbaye valentinoise, qui a donné à l'Eglise trois papes, un patriarche, des cardinaux, des évêques. Voir *Bibliothèque sacrée des PP. Richard et Giraud.*

aussi en chaque quartier, on trouve un petit hôpital; chaque village a ses œuvres pies pour les pauvres malades. Partout il y a de ferventes chrétiennes qui, sans être liées par des vœux, vouent leur vie entière au service des membres souffrants de Jésus-Christ. Dans tous les testaments, il y a pour les pauvres un don pieusement respecté par les enfants, cette aumône pouvant être une réparation. Le donateur ne craint pas d'affirmer qu'il veut obtenir miséricorde auprès du Souverain Juge. Les uns donnent une maison, les autres un champ, une part sur les récoltes, d'autres un lit ou quelques meubles.

La liberté du bien apparaît entière. L'un, plus riche, fonde l'hôpital, l'autre le répare, l'entretient. Ce que nous appelons l'Assistance publique, était alors l'œuvre considérée par tous comme le devoir personnel de chacun.

Mais, sans parler des grandes entreprises, montrons par la multiplicité des œuvres modestes et utiles, dont nos archives locales ont conservé quelques traces, combien cette fraternité chrétienne fut féconde sur le sol de notre pays.

L'hospitalité à Valence.

Un homme de grand mérite, qui fut longtemps médecin en chef de l'hôpital de Valence, M. Dupré de Loire, a compulsé les annales de la charité valentinoise; il a compté jusqu'à vingt et un hôpitaux établis, du dixième au seizième siècle, dans la seule ville de Valence. Remarquons qu'à cette époque, les agglomérations urbaines étaient bien moins considérables qu'elles le sont de nos jours. Citons quelques noms, ils attestent la charité de nos pères.

Saint Félix, premier apôtre de Valence, eut dès le triomphe du Christianisme, pour honorer ses reliques pieusement conservées, son église et son hôpital (1), d'abord placés en dehors des murs, puis abrités plus tard, à l'intérieur, sur l'emplacement occupé encore par les bâtiments du Bureau de bienfaisance.

L'hôpital *Saint-André* existait déjà au xe siècle; il était situé au nord-est de la cité, au levant des bâtiments occupés par la Bibliothèque de la ville.

---

(1) Nous renvoyons, pour tous les détails concernant ces différentes œuvres, aux *Recherches* si savantes de M. Dupré de Loire.

Nous avons déjà signalé, près l'église Saint-Jean, à côté de la résidence épiscopale, un hôpital *Saint-Antoine*, création de ces Antonins, religieux institués pour venir en aide à ceux qui étaient atteints du *mal des ardents*.

L'hôpital du Bourg, qui succéda sans doute à la Maison de l'Aumône, était dédié à la *Bienheureuse Marie*.

Il y eut même une salle hospitalière, bâtie sur une arche du pont de Valence resté inachevé (Ponpéry), nommée hôpital du *Pont*. Romans, Grenoble, Vienne, Lyon possédèrent des hôpitaux construits sur les ponts, probablement pour procurer à certains malades une atmosphère plus facile à renouveler.

L'hôpital *Sainte-Marthe* ou *Saint-Georges* était établi en dehors des murs, près la porte Saunière, sur l'emplacement occupé aujourd'hui par l'hôtel de la Poste. Il paraît avoir été un hospice en faveur des pauvres étrangers au pays. De même, le très ancien hospice de *Saint-Vincent-Saint-Jacques*, placé auprès du faubourg actuel de Saint-Jacques. Le 11 mai 1264, la veuve de Jovencelli lègue, à l'hôpital Saint-Jacques de Valence, son lit avec tous les accessoires. Après avoir été ruiné par les hérétiques albigeois et par les protestants, il demeura un titre de Commanderie des Hospitaliers de Saint-Jean-de-Jérusalem.

Les hôpitaux désignés dans les actes sous le vocable du *Saint-Esprit* et de *Saint-Étienne* étaient situés au quartier de la *Rivière*, nom que l'on donnait à la Basse-ville.

L'hôpital *Saint-Grégoire*, construit peut-être en planches, dans un moment de peste, paraît avoir été établi dans la campagne.

L'*Hôpital-neuf* ou de *Saint-Didier*, dans la rue qui a gardé ce dernier nom qu'elle porte depuis le seizième siècle.

Notre-Dame de la Fusterie, près la place Pontpéry, aurait été réservée pour le traitement de la variole et autres maladies contagieuses, très répandues vers le quinzième siècle.

L'hôpital des *Infects* ou de *Saint-Sébastien*, dont il est fait mention dès le quinzième siècle jusqu'à la fin du dix-septième, avait été créé dans le même but que le précédent. Il occupait les salles du Musée actuel avant l'établissement du Séminaire.

« On a accusé nos ancêtres du moyen-âge d'avoir méconnu les
« règles de la propreté et de la salubrité; il n'est pas de calomnie
« moins justifiée... »

« Les hôpitaux furent multipliés et aménagés avec une entente
« si parfaite des conditions de la salubrité que les progrès les plus

2

« récents en cette matière consistent à restituer les dispositions
« qui furent universellement adoptées du XIIIe au XVe siècle. (1) »

Mentionnons aussi la maison des *Filles repenties*, ouverte, au
seizième siècle, par un généreux bienfaiteur de la ville, Pierre
Morel, fondateur d'un collège. Son œuvre de moralisation sera
adjointe, en 1682, à l'Hôpital-Général et, en 1821, remplacé par
le Refuge de Notre-Dame de Charité.

Nous devrions ajouter à cette liste, déjà longue, l'hôpital *Saint-
Jean*, que nous avons montré bâti à côté de l'ancienne maison
épiscopale ; mais nous aurons à y revenir pour exposer les chan-
gements opérés, sous l'influence des édits de Louis XIV, dans
l'organisation des œuvres hospitalières.

L'hospitalité à Romans.

Ce n'est pas seulement dans les cités épiscopales que la charité
chrétienne faisait surgir de nombreux établissements de bienfaisance. Partout le pauvre « membre souffrant de Jésus-Christ »
était l'objet d'une sorte de culte.

Au chapitre XXV de l'Evangile selon saint Mathieu, le Seigneur,
exposant le tableau du Jugement dernier, cite cette parole qui sera
adressée aux élus : « Quand j'avais faim, vous m'avez donné à
« manger ; lorsque j'avais soif, vous m'avez offert à boire…; quand
« j'étais infirme, vous m'avez visité….. En vérité, je vous l'affirme,
« chaque fois que vous avez fait du bien au moindre de mes
« frères, c'est à moi que vous l'avez fait ».

Cette parole évangélique a suscité, dans la suite des siècles
chrétiens, plus de largesses et de dévouements que tous les édits
et que toutes les maximes de solidarité maçonnique.

« Les habitants de Romans ont toujours eu beaucoup de soin
des pauvres », déclare l'ancien Président au Parlement de Grenoble, Expilly.

Les motifs de cet éloge d'Expilly sont amplement démontrés
dans l'ouvrage si exact et si bien ordonné du docteur Chevalier,
ancien chirurgien dans l'armée, et, ensuite, pendant trente-cinq
ans, administrateur dévoué de l'Hôpital de Romans.

Ç'a été un véritable bonheur pour notre contrée d'avoir possédé

---

(1) *Manuel d'archéologie française*, par C. ENLART, II, pages 3 et 4.

deux hommes de bien et de savoir comme MM. Dupré de Loire et Chevalier (Ulysse).

En faisant connaitre les œuvres créées par nos pères, ils ont écrit des pages qui sont le plus bel éloge de notre pays. Soulager les malheureux sera toujours un honneur ; conserver la mémoire de ceux qui ont généreusement accompli ce devoir, c'est exciter leurs successeurs à les imiter, c'est transmettre l'héritage le plus précieux.

Sans l'avoir cherché (1), ils ont rendu, par leurs consciencieuses études, un grand service à la cause religieuse, en montrant combien la foi chrétienne est féconde en œuvres de bienfaisance.

Œuvres nombreuses.

M. le docteur Chevalier ne fait pas remonter les œuvres de bienfaisance à Romans avant le xi* siècle ; non qu'elles n'aient pas existé plus anciennement, mais la trace s'en est perdue, les monuments authentiques ne se retrouvent plus. L'Abbaye, fondée par saint Barnard, mort en 842, fut toujours compatissante aux malheureux. Ses religieux s'honoraient du titre de *Seigneurs des pauvres.* Leurs premières fondations furent des *léproseries,* des *maladreries, maisons* et *champs des pauvres,* dont les origines se perdent dans la nuit des temps. Il y a surtout la *Maladrerie de Volay,* sur la rive gauche de l'Isère, dont les derniers restes n'ont été vendus, au profit de l'hôpital général, qu'en 1807. Nous trouvons des maladreries dans tous les pays voisins : Saint-Donat, Beaumont, Alixan. Les Frères de *Saint-Jean-de-Jérusalem* ont également pratiqué l'hospitalité à Saint-Paul, ils avaient encore un *hospitium* au quartier de *Pailherey.*

Le plus anciennement connu et le plus important des hôpitaux de Romans a été celui de *Sainte-Foy* (2), qui hospitalisa des malades jusqu'à 1811. En 1764, cet hôpital possédait un revenu annuel de 7.386 livres et sa dépense excédait les recettes de 422 livres. Quoique installé en pleine campagne, cent ans avant la

(1) Le livre, in-octavo, sur les hôpitaux de Romans, par le docteur Chevalier, a été publié en 1865.

(2) Nous en avons déjà parlé, sous son premier titre : Maison de l'Aumône. Léger, archevêque de Vienne, la transforma en hôpital, vers l'an 1050.

construction des remparts, il se trouvait, au xviii° siècle, tellement cerné par des constructions de tous genres, qu'il fallut, pour donner l'espace, l'air, la lumière aux malades, songer à les transporter dans un autre local.

Le xiii° siècle vit s'établir, à Romans, plusieurs œuvres charitables : l'*Aumône* de *Saint-Romain*, de *Perrol de Verdun*, du *Colombier* et autres *confréries* charitables. Au siècle suivant, elles se confondent en une seule. Les consuls de Romans, ayant remarqué certains abus dans la distribution des secours, s'adressent au vice-légat du Pape, à Avignon, pour y porter remède. A la suite de la sentence rendue par l'abbé de Léoncel, une assemblée générale, tenue à l'hôtel-de-ville, le 23 mai 1555, institue un syndicat composé de deux chanoines de Saint-Barnard, de quatre marchands, d'un trésorier et d'un aumônier, chargés d'organiser des quêtes et de faire des distributions chaque dimanche. D'après le registre de ce Bureau de charité, il était distribué annuellement : 15.284 livres de farine ; en outre, on dépensait vingt à trente florins pour le soulagement de deux cent cinquante à trois cents pauvres. On le voit, au xvi° siècle, le Pape prononce sur les questions hospitalières et il confie ces œuvres à des commissions composées d'ecclésiastiques et de laïcs.

A cette époque, la religion pourvoit à toutes les nécessités sociales. Un archevêque de Vienne, abbé de St-Barnard (1221 à 1266), entreprend de reconstruire, en pierre, le pont unissant les deux rives de l'Isère à Romans. Sur une large pile, cet archevêque, Jean de Bournin, établit, en amont, une chapelle dédiée à Notre-Dame ; en face, en aval, un petit hospice, nommé des *Jacinières*, parce qu'il recevait les femmes en couche (jacines). Hôpital et chapelle reçoivent des dons nombreux, avec cette clause que, les frais de culte payés, tout le revenu doit être appliqué, non au recteur, mais aux pauvres *jacines*. Cet hôpital, contenant deux salles superposées en deux étages, a fonctionné jusqu'à l'établissement de l'hôpital général, au milieu du xvii° siècle ; la chapelle a servi au culte jusqu'à la Révolution, ses restes ne furent démolis qu'en 1856.

Citons encore l'*hôpital des infects*. On retrouve un hôpital du même nom presque dans toutes les villes. Voici ce qui, à Romans, donna lieu à cet établissement, connu, ensuite, sous l'appellation d'*hôpital vieux*.

Après la sécheresse de 1504, la peste s'annonça avec les signes

les plus alarmants : dès l'année suivante, ses ravages furent extrê-
mes. La ville ne pouvait plus contenir ses malades. Les consuls
achetèrent une maison et un vaste champ, hors la porte de *Chape-
lier*, le long de l'Isère : ils y firent construire des baraques, où
l'on portait les pestiférés. Cet hôpital provisoire dura plus de deux
cents ans.

A plusieurs reprises, dans l'histoire de nos hôpitaux, nous
constatons que la peste, terme générique, sans doute employé
pour désigner toutes les maladies contagieuses, fut l'occasion de
créations hospitalières.

Nous devons également citer, comme œuvres bienfaisantes, les
nombreuses confréries de prières et de bonnes œuvres. Elles
avaient un caractère à la fois religieux, fraternel et charitable.
Chaque confrérie se plaçait sous l'invocation d'un saint, se réunis-
sait dans une chapelle spéciale, possédait un tronc pour recueillir
les offrandes destinées à subvenir aux dépenses et aumônes. Elles
étaient très populaires, nées du sol et dévouées aux intérêts du
pays.

Mentionnons les *Dames de la Tasse*, parce qu'elles se tenaient
aux portes des églises, le matin du dimanche, pour recueillir les
aumônes. Ces dames distribuaient, elles-mêmes, aux pauvres
honteux et aux malades, des secours atteignant annuellement
14.000 livres.

En 1678, se forme *La Compagnie de Notre-Dame de Bon-
Secours*. Le préambule indique que, dans tous les temps, on a
compris la nécessité des unions pieuses pour réformer les mœurs :
« Le siècle où nous sommes est si corrompu, les intérêts de Dieu
sont si abandonnés... qu'il est nécessaire que dans toutes les villes
chrétiennes il y ait une compagnie de quelques personnes qui
entreprennent toutes les bonnes œuvres dont ils auront connaissance ; suit l'énumération d'œuvres nombreuses ; entr'autres « ils
prêteront aussi sur des gages à ceux qui auront besoin de ce
secours... » En 1740, par ordre de la cour, les revenus de Notre-
Dame de Bon-Secours furent réunis à l'Hôpital-Général.

L'abbaye des Marchands, composée, au XVIe siècle, des commer-
çants les plus recommandables de Romans. On la voit, dans les
registres consulaires, doter de six florins une jeune fille, appelée,
dans le langage de ce temps, *la pichotte, ad ipsam maritandam*
(pour servir de dot conjugale).

Tous les revenus appartenant à ces diverses sociétés charitables, furent réunis, par ordre du Roi, en 1740, à l'Hôpital-Général, ce fut la mort de ces œuvres.

Nous aurions à donner une place d'honneur à deux créations importantes : l'hôpital de *Notre-Dame de Charité* et l'*Hôpital-Général*. Mais il nous paraît utile de présenter, dans un même tableau, ces deux grands établissements hospitaliers de Romans, ainsi que l'*Hôtel-Dieu* et l'*Hôpital-Général de Valence*, créés sous l'influence d'idées nouvelles.

Au XVII° siècle, une transformation s'accomplit. La charité était libre, elle sera soumise à des règlements d'administration dont les mailles iront en se serrant de plus en plus. L'hôpital était, peut-être un peu trop, la propriété de tous; il deviendra un fief du Roi, puis de ceux qui détiendront le pouvoir. Mais disons d'abord un mot sur les hôpitaux fondés en divers pays de la Drôme.

Nous ne pouvons pas, ici, citer tous les établissements de charité qui furent, autrefois, érigés dans notre région. Toutefois, on veut bien nous communiquer quelques notes. Nous croyons qu'il sera agréable à nos compatriotes de les connaître (1).

Montélimar.

Montélimar possédait, dès 1271, deux léproseries, puisqu'un riche bourgeois, Pons Bastié, fait diverses donations aux églises de cette ville, et, en particulier, « à l'une et à l'autre léproserie ». En 1482, on trouve mentionnés six hôpitaux, dans la ville de Montélimar. Le plus important est appelé *Hôtel-Dieu* ou *Notre-Dame de Pitié*, fondé par la ville. Les maire et échevins en sont recteurs.

En 1673, un édit de Louis XIV attribue à l'Hôpital-Général tous les revenus charitables, ainsi que les biens des hôpitaux de Savasse, de Saint-Marcel et de Poët-Laval.

Die.

C'est l'évêque Montluc (1553-1579), qui réunit à l'hôpital de la *Croix*, toutes les fondations charitables existant dans l'ancienne ville épiscopale de Die. Tous les anciens hôpitaux avaient été ruinés par les guerres de religion, il fallait au moins en sauver un.

---

(1) Nous sommes reconnaissant à M. le chanoine Jules Chevalier de cette communication.

Crest.

Une maladrerie est signalée, au xiiie siècle, à Crest. Un testament de Pons Lombard, habitant de Crest, donne, en 1313, à la *Maison de l'Aumône* « un lit garni ; à l'Œuvre du pont, deux florins ; à la Confrérie du Suaire de l'église Saint-Sauveur, douze deniers ».

Par Lettres-patentes du roi, en 1716, un hôpital-général est institué à Crest, les revenus de toutes les œuvres charitables lui sont adjoints.

Hôpitaux qui ont survécu aux révolutions.

On compte, de nos jours, dans la Drôme, dix-neuf hôpitaux, dits communaux, quoiqu'ils aient été fondés, pour la plupart, bien avant la fondation des communes qui profitent, aujourd'hui, de ce bienfait.

Ces hôpitaux sont établis à Buis-les-Baronnies, Crest, Die, Dieulefit, Etoile, Montélimar, Nyons, Grignan, Pierrelatte, Romans, Saint-Agnan, Saint-Jean-en-Royans, Mirabel, Saint-Paul-trois-Châteaux, Saint-Vallier, Suze-la-Rousse, Taulignan, Valence et Chabeuil. (Annuaire de la Drôme). Ce dernier hospice a été créé, en 1866, par un prêtre, originaire de Chabeuil, M. le chanoine Bruyère, ancien curé de Saint-Martin, à Paris. Ce bienfaiteur des pauvres fit don à la commune de Chabeuil d'une maison, de plusieurs terres et d'une inscription de 1.200 francs de rentes annuelles. Il exprima le désir que cet hôpital fût desservi par les religieuses du Saint-Sacrement et que le curé de Chabeuil fût toujours membre de la Commission administrative.

Avant la Révolution, il y avait à Chabeuil, un hospice appartenant aux religieux de Léoncel. Presque partout, ces vieux hôpitaux étaient des dépendances des monastères ou prieurés qui les avaient fondés et les entretenaient.

La piété inspiratrice de ces fondations.

Mais ce qui montre combien ces œuvres étaient dues à la piété, c'est que, presque toujours, ces instituts ou les dons qui leur étaient faits, étaient accompagnés de fondations de messes, de prières, pour le repos des âmes trépassées. On a trouvé, en particulier, à Valence, à Étoile, des registres reliés, entre deux planchettes en bois dur, ornés avec luxe et désignés sous le titre de « Livre des âmes ». L'écriture gothique des premières pages indique leur ancienneté. Ils renferment les titres de donations, faites aux pauvres, pour la libération des âmes décédées. Ces titres conservent des détails intéressants sur les familles des donateurs. Ce registre donne à l'hôpital d'Étoile un double titre : *hôpital* et *charité*, parce qu'il est formé de deux institutions.

Les modernes partisans de la laïcisation des hospices ont dit : « Autrefois les hôpitaux étaient desservis par des laïques ; ce qui s'est fait, peut se faire de nouveau ».

Qu'on nous permette de répondre par un fait, étranger à l'histoire de notre pays, mais qui montre sous quelle influence d'idées naissaient ou étaient administrés les anciens hôpitaux, même laïques.

Un hospitalier laïo d'autrefois.

Vers l'an 1400, la ville et république de Sienne, en Italie, possédait un célèbre hôpital connu sous le titre de *Santa Maria della Scala*, confié à une confraternité laïque. La tiédeur s'étant introduite dans les rangs des confrères, des domestiques avaient pris leurs places dans le service des malades.

Tout à coup, la peste se répand dans les cités de l'Italie. On se rappelle alors les ravages de la terrible *Peste noire* qui, peu d'années auparavant, avait dévasté toute l'Europe. Les gardiens de l'hôpital prennent la fuite, laissant presque seul, en présence de centaines de malades, le dévoué directeur, Jean Landaroni, déjà lui-même atteint par le mal.

Il y avait alors, dans cette ville de Sienne, un jeune étudiant, appartenant à une famille riche, mais qui ne partageait pas la corruption qui régnait dans la cité. Ses historiens font le plus grand éloge de ses talents, de son caractère toujours gracieux : « Là où est Bernardin, disait-on, nulle place à l'ennui ». Orphelin de bonne heure, le jeune homme avait été confié à une parente. Celle-ci était inquiète, précisément à cause de l'enjoûment de son aimable pupille.

Un jour, cette tante manifestait à son neveu ses craintes. Celui-ci, sérieux, répond aussitôt : « Oui, j'ai une bien-aimée ; chaque matin, je la salue avec amour et si j'étais privé de ce bonheur, je serais triste toute la journée ».

On suit le jeune homme dans sa sortie matinale, et on le trouve hors la porte *Camolia*, pieusement agenouillé au pied d'un tableau, représentant l'Assomption de la Vierge Marie.

Souvent ses condisciples l'avaient raillé parce qu'il ne partageait pas leurs plaisirs. Au moment où la peste semait la terreur dans la ville de Sienne, Bernardin apprend que l'hôpital, portant le nom de celle qu'il appelait sa Souveraine, *Santa Maria della Scala*, venait d'être abandonné par ceux qui en avaient la garde. Aussitôt, il convoque douze de ses amis : « Vous le voyez, leur dit-il, l'in-
« cendie est allumé au loin, le monde presque entier en est devenu
« la proie. Qui d'entre vous pourra se flatter de prolonger sa vie,
« quand nous voyons les autres mourir tous les jours, quand nos
« compagnons les plus chers ont succombé aux premières attein-
« tes du fléau ? Si nous mourons, en remplissant les devoirs de la
« charité, nous irons au Seigneur ; si, au contraire, la mort nous
« épargne, nous nous réjouirons, toute notre vie, d'avoir rendu à
« Dieu de tels services en la personne de ses pauvres ».

Et il les entraine avec lui. Pendant quatre longs mois, tous se dévouèrent sous la conduite de leur jeune chef. Celui-ci fut toujours le premier, dans les besognes les plus répugnantes et les plus périlleuses.

Plus tard, sous le froc du capucin, saint Bernardin de Sienne fut le pacificateur de l'Italie. La lutte entre les Guelfes et les Gibelins ensanglantait chaque cité ; seule, la parole de cet apôtre, et même, dans ses derniers jours, sa seule présence pacifiait les partis. Jamais orateur n'a exercé sur les masses populaires une action aussi puissante et aussi heureuse (1). On l'a présenté comme un fondateur des hôpitaux laïcs. Que Dieu nous donne des hospitaliers laïcs comme saint Bernadin de Sienne !

---

(1) Voir le livre : *Un prédicateur populaire, saint Bernardin de Sienne, 1380-1444,* par Paul Thureau-Dangin, de l'Académie Française.

III

LES HOPITAUX ET LES RÈGLEMENTS CIVILS

Mais ces institutions charitables, si nombreuses, n'ont-elles jamais donné occasion à des abus ?

Hélas ! l'abus est inséparable de l'humanité.

Les conciles ont été réunis pour réformer les instituts dépendant de l'Eglise.

Le quinzième concile général, tenu à Vienne, en Dauphiné, adjoignit, à l'administration des paroisses et des hôpitaux, des assemblées composées, en grande partie, de laïques, sous la présidence des évêques. Leur mission était de veiller aux intérêts temporels des églises paroissiales, sous le nom de *Fabriques*, et des hôpitaux, sous le titre d'*Assemblées* ou *Bureau des pauvres*. Le 6 mai 1312, le Concile ordonne « de ne confier les intérêts des fondations charitables qu'à des hommes prudents, de bonne réputation et ayant prouvé par la sage administration de leurs biens personnels qu'ils étaient capables de gérer le bien des pauvres ».

En ce temps-là, comme de nos jours, certaines gens avaient trop de propension à considérer le bien des pauvres comme appartenant à tout le monde ; ce bien était exposé à être rogné par les voisins ; on créait des chemins, on introduisait des servitudes. De hauts seigneurs, patrons des biens ecclésiastiques, se les appropriaient, diminuant d'autant les revenus qui avaient été assignés pour l'entretien des pauvres. Le concile pensa que des bourgeois laïques seraient plus aptes à défendre les intérêts des hospices.

Il faut bien le dire aussi, lorsque les fondateurs, pleins de zèle pour leur œuvre, avaient disparu, l'œuvre tombait parfois en souffrance. La perpétuité d'une assemblée directrice était une garantie de perpétuité pour l'œuvre.

Le concile de Trente confirma ces décrets. François I⁰ʳ, roi de France, Henri II, publièrent divers règlements. C'est surtout Louis XIV qui organisa l'administration moderne qui régit les hôpitaux en France.

Ce roi voulut centraliser la charité et réunir, en chaque ville, toutes les œuvres charitables sous une seule direction. Le nombre des mendiants qui encombraient les rues de Paris fut l'occasion de nouveaux règlements.

En 1662, paraît un Edit ordonnant « qu'il sera établi un Hôpital général, en chaque ville et bourg du royaume, pour les pauvres malades, mendiants et orphelins ». Cette réforme, désirée par l'opinion publique, rencontra bien des difficultés. De nouvelles lettres du roi, en 1676, rappellent aux intendants les premières prescriptions. Puis, Louis XIV fait adresser aux évêques une circulaire pour leur demander, en faveur de sa réforme, l'appui de leur zèle et de leur influence.

Partout les prélats secondèrent avec empressement les intentions charitables du monarque. A Lyon, la générosité princière des archevêques et des bourgeois lyonnais éleva ces grands et magnifiques hôpitaux qui sont une des merveilles de cette cité. Dans une ville de moindre importance et voisine de nos limites départementales, à Carpentras, une statue a été érigée à Mgr Dominique d'Inguimbert, en témoignage de reconnaissance pour le riche hôpital établi à ses frais et par ses soins (1).

Romans était allé au-devant de cette réforme des hôpitaux par une fondation récente.

La réforme hospitalière à Romans.

Les administrateurs de l'Aumône, à Romans, avaient formé, depuis longtemps, le projet de séparer les malades des vieillards et orphelins qui encombraient le vieil hôpital Sainte-Foy. Messire de Gilier fit don d'une maison, sise au quartier de la Presle,

---

(1) Nous n'avons pas à juger ce système de centralisation adopté en France. Remarquons que l'étranger ne nous a pas imités. Le voyageur, à Londres, rencontre de nombreuses maisons, plus ou moins importantes, formant des hôpitaux indépendants. En Hollande et dans les colonies néerlandaises, ces établissements charitables reçoivent, quelle que soit leur direction religieuse, des secours du gouvernement en proportion des services qu'ils rendent. Aux Etats-Unis, même largeur d'idées. De plus, par crainte des microbes, on aime les hospices provisoires. A Berlin, catholiques et protestants ont leurs hôpitaux séparés.

réputé le plus salubre de la ville. Le dimanche, 12 septembre 1649, on forma une longue procession, partie de Saint-Barnard, pour installer les pauvres dans leur nouvelle résidence qui prit le nom d'*hôpital de la Charité*.

Notre-Dame de Charité.

Le 10 juillet 1670, cette maison était confiée aux Frères hospitaliers de Saint-Jean-de-Dieu, depuis longtemps réclamés par les vœux de toute la cité romanaise. Une insigne bienfaitrice, Hélène Tardy, veuve Deloulle, donna, à l'occasion de la venue de ces religieux, un domaine et des rentes estimés 80.000 livres, somme très considérable pour ce temps-là.

Ces religieux administrèrent cet hôpital de Notre-Dame de Charité jusqu'à la suppression des Ordres religieux, en 1792. Même sous la Terreur, entourés de l'estime de tous les habitants de Romans, ils furent fidèles à leur poste d'honneur et continuèrent à servir les malades. Leur ancien supérieur, jusqu'à sa mort, fut élu, pendant la Révolution, membre de la Commission administrative (1).

« La disparition des Frères de Saint-Jean-de-Dieu, dit le doc-
« teur U. Chevalier, a laissé, dans le soulagement de l'humanité
« souffrante, un vide que l'état de nos mœurs, les lois civiles et
« universitaires permettent difficilement de combler. Leur vie
« humble, leur dévouement désintéressé, leur caractère religieux,
« inspiraient aux classes inférieures et aux gens de la campagne
« un respect et une confiance que ceux-ci ont reportés (non le res-
« pect) à d'impudents charlatans ».

Administrateur des hôpitaux de Romans, M. Chevalier ajoute :
« Rappelons avec reconnaissance que l'administration de ses
« religieux a fait augmenter les revenus de l'hôpital qui leur
« était confié de **5.835** livres de rentes annuelles ».

Autrefois, dans la Chrétienté, ces saints religieux desservaient deux cent quarante hôpitaux.

L'Hôpital-Général.

Cette fondation de Notre-Dame de Charité n'était pas encore l'Hôpital-Général demandé par l'édit royal de 1662. Les habitants

---

(1) Ces religieux ont ouvert à nouveau plusieurs maisons en France.

de Romans ne sentaient pas la nécessité d'un troisième hospice. Sainte-Foy, Notre-Dame de Charité et les nombreuses œuvres leur suffisaient. Cependant le Roi pressait l'exécution de ses ordres.

Une lettre de cachet, datée du 2 mai 1686, rappelle aux autorités locales les édits de 1662. Une assemblée de notables se tient dans la demeure de l'abbé de Lesseins, représentant du Chapitre de Saint-Barnard. On émet de nombreux vœux pour réaliser la volonté du Roi. En 1711, l'Hôpital-Général n'existait pas encore.

Ce qui montre bien qu'en fait d'œuvres de charité, la toute-puissance même d'un Louis XIV ne suffit pas; il faut de plus l'aide de la Religion et du dévouement qu'elle inspire.

En mai 1711, Armand de Montmorin, archevêque de Vienne, publia un mandement, et après en avoir conféré avec l'Intendant de la province, il envoya à Romans deux Jésuites, les PP. André Guénard et Jacques Blanchard, pour aider à la création d'un Hôpital-Général. L'un deux, à la demande des recteurs de l'Aumône, monta en chaire et son sermon fut suivi d'une quête très fructueuse. Un bureau se constitue, des cotisations sont recueillies; enfin, en 1739, une maison hospitalière est acquise.

La lecture des Lettres patentes, envoyées par la Cour, donne à soupçonner les causes de tant de retards. Du fond de leurs bureaux, à Paris ou à Versailles, les rédacteurs de ces lettres entendent changer des usages qui édifiaient, depuis longtemps, le peuple de Romans.

Ainsi, des dames charitables quêtaient à la porte des églises et, chaque dimanche, dés distributions de pains avaient lieu, suivant les intentions d'anciens bienfaiteurs des pauvres. D'après l'article 4 des Lettres d'octobre 1740, « les directeurs dudit Hôpital-« Général feront, deux à deux et à tour de rôle, chaque semaine, « la visite des pauvres malades et honteux, et les secourront, « comme il en a été ci-devant par les dames charitables, suivant « l'exigence de l'état des pauvres et le fonds des quêtes ».

C'est-à-dire que la charité devenait une fonction de commande; le pauvre n'y reconnaissait plus la pieuse générosité de ceux qui s'honoraient d'être ses frères et sœurs en Jésus-Christ.

Malgré les édits, les quêtes subsistèrent (1)..

---

(1) Voir docteur Chevalier, p. 117.

Plus tard, vers 183o, les bâtiments qui avaient été acquis pour former l'Hôpital-Général furent vendus, et ce titre, ainsi que les revenus, furent donnés à l'ancien hôpital Notre-Dame de Charité, au quartier de la Presle.

Cet établissement, le mieux pourvu de tous les hôpitaux de la Drôme, est vraiment l'Hôpital-Général. Il a succédé au vieil hôpital Sainte-Foy et à toutes les fondations charitables de Romans. C'est la maison de famille de tous les affligés. Il est desservi par les religieuses du Saint-Sacrement. En vain on a cherché à les remplacer pour obéir à de nouveaux ordres venus on ne sait d'où. Il y a des dévouements qui ne se remplacent pas.

La réforme hospitalière à Valence.

A Valence, les évêques et le clergé secondèrent de tout leur pouvoir la réforme proposée par le Gouvernement. A cette époque, les œuvres de charité, de l'instruction publique et autres, étaient considérées tellement comme une dépendance de l'Eglise que, ni le roi, ni ses ministres, n'auraient eu l'idée de puiser dans les ressources fournies par l'impôt pour l'entretien de ces œuvres, même pour l'accomplissement des réformes proposées par le roi. La ville de Valence avait été ruinée par les bandes protestantes qui l'envahirent, en 1562 et 1567, sous la conduite du terrible baron des Adrets. La cathédrale resta pendant quarante ans sans voûte, l'église Saint-Jean avait été démolie.

En quel état se trouvait le vieil hôpital adjacent à cette église ? Il restait seul de toutes les anciennes institutions charitables de la ville. Dans le registre des délibérations du Bureau des pauvres, remontant au 1er mai 1587, de suite après les funestes guerres civiles, « il est souvent question des réparations que nécessitait « l'hôpital : toits à refaire, pan de mur à reconstruire ».

Tous ces frais étaient à la charge des évêques, tout aussi bien que le relèvement des églises. Heureusement, pendant tout le dix-septième siècle et pendant le suivant, le diocèse de Valence eut à sa tête des évêques pourvus de biens patrimoniaux et bénéfices importants ; ils les employèrent généreusement pour réparer les ruines amoncelées en notre pays. On a beaucoup déclamé contre la richesse des prélats de l'Ancien régime, on a oublié leurs bienfaits.

Le Chapitre de Saint-Apollinaire se montra également généreux.

La guerre civile avait considérablement diminué ses biens, il avait fallu restreindre à huit le nombre des chanoines, chacun d'eux recevait à peine l'indispensable pour vivre : six cents livres. Malgré cette pénurie, à la fin du xvi° siècle, le Livre des comptes signale les redevances que payaient, à ce qui restait des quatre hôpitaux, Messieurs du Chapitre. En outre, nous aurons à mentionner de riches dons, faits aux pauvres de l'hôpital par plusieurs chanoines.

L'Hôtel-Dieu-Saint-Jean.

Nous ne reviendrons pas sur son origine, nous l'avons vu s'élever à côté de l'église paroissiale, portant le même vocable. Au commencement du dix-septième siècle, cet hôpital remplace toutes les œuvres hospitalières de Valence. Plus tard, un édit royal réunit à l'Hôtel-Dieu-Saint-Jean les biens et revenus des hôpitaux de *Mirmande, Allex, Alixan, Chabeuil, Chabrillan, Livron, Marsanne, Grâne, Loriol, Montélier, Beaumont et la Baume-d'Hostun*, appauvris par les dissensions civiles. On trouva que le meilleur moyen de tirer quelque utilité de leurs dernières ressources était de les adjoindre à celui de Saint-Jean, appelé le *grand hôpital*.

Mgr Daniel de Cosnac.

Mgr Daniel de Cosnac (1655-1693) ne tarda pas à être frappé de son insuffisance. Enclavé de toutes parts, on ne pouvait pas espérer lui donner l'espace et l'air indispensables à des malades. Ce bâtiment, trop limité, restait le seul abri pour : malades, vieillards et orphelins. Ce prélat fit l'acquisition d'un bâtiment, alors connu sous la dénomination de *Grandes Boutiques*, ainsi que ses jardins, vergers, arrosés par des eaux magnifiques et abondantes (1). L'évêque en fit don *aux pauvres* et les deux maisons hospitalières séparées ne formèrent d'abord qu'un seul établissement appelé *Hôpital-Général*, placé sous la direction du Bureau de charité.

---

(1) Ces immeubles sont occupés, de nos jours, par les religieuses de Sainte-Claire et par les propriétés avoisinantes. L'hôpital en possède encore une partie. Ces *Grandes Boutiques* paraissent avoir été des fabriques de draps.

Des Lettres-patentes de 1685 ordonnent de réunir, dans la nouvelle acquisition, les mendiants, vagabonds, et de les occuper à des travaux. Dès lors, on songea à adjoindre, à ce nouvel hôpital, des filatures pour le dévidage de la soie, afin d'y habituer les enfants à une vie active et utile.

On comprend facilement combien était avantageuse cette division d'un même hôpital en deux maisons : l'une pour les malades seuls, l'autre pour les vieillards et orphelins, au grand air, près du fleuve.

Les Orphelines.

Déjà, avant Mr Daniel de Cosnac, une œuvre très utile, nécessaire, après les désastres amenés par les guerres, avait attiré sur elle la bienveillance de tous et les générosités d'un grand nombre de bienfaiteurs. C'était l'œuvre des *Orphelines* qui se continue, encore de nos jours, dans l'hôpital de Valence.

En 1651, un chanoine, le sieur Férandin, conseiller-clerc au Présidial, réunit quelques orphelines dans une maison lui appartenant. Les ressources arrivèrent à cette œuvre commencée par un homme dévoué, mais isolé. Des personnes pieuses se chargent de la direction de ces enfants. Le doyen du Chapitre, M. Humbert, lègue trois cents livres. Un autre chanoine, M. Hatton, dont le nom se retrouve dans toutes les bonnes œuvres de ce temps, donne sa maison, puis transfère les orphelines dans l'immeuble placé au-dessous du clocher de Saint-Apollinaire, et qui a abrité, plus tard, les écoles chrétiennes. Ce chanoine Hatton donne encore, pour l'entretien des pauvres orphelines, le domaine du *Pêcher*, resté le domaine le plus important de l'hôpital valentinois. Enfin, en mourant, il laisse le reste de son bien aux pauvres. Il est fâcheux que le nom de ce bienfaiteur soit si peu rappelé.

Cependant, les Archives mentionnent encore d'autres bienfaiteurs de ces orphelines : une demoiselle de Ferraillon, un chanoine François Mournas. En 1658, M. l'abbé Servien, camérier secret du Pape et ambassadeur à Turin, par un acte de donation, applique à cet orphelinat trente mille livres, somme équivalente de nos jours à environ cent mille francs. En 1695, Mr de Champigny trouva vingt-quatre orphelines et annexa leur œuvre à l'Hôpital-Général dans le local acheté par son prédécesseur, Mr de Cosnac.

On le voit, dans le xvii° siècle, évêques et prêtres se montrent dévoués aux intérêts des pauvres et s'efforcent de réparer les désastres causés par les guerres de Religion. Au xviii°, nous trouverons trois prélats dont les dons aux pauvres s'élèveront à des sommes encore bien supérieures.

Mgr Jean de Catellan.

Cet Evêque de Valence (1705-1725) appartenait à une famille qui avait donné de nombreux magistrats au Parlement de Toulouse ; lui-même avait été Précepteur des enfants de France ; ses mandements, son livre : *Les Antiquités de l'Eglise de Valence*, attestent sa piété, son zèle et son érudition.

A sa mort, son testament indiquait que les *Pauvres* étaient ses uniques héritiers. On estima sa fortune à soixante mille livres, qui furent recueillies par l'Hôpital-Général de Valence.

Son amour pour les pauvres était partagé par son Vicaire-Général, le chanoine Drevet. Celui-ci, après la mort de son évêque, Jean de Catellan, se retira lui-même dans l'hôpital, saintement heureux de partager la demeure des pauvres, voulant vivre et mourir au milieu d'eux. Sa haute intelligence rendit les plus grands services à cet établissement. Il mit de l'ordre dans une administration à laquelle plusieurs donnaient généreusement, mais à laquelle beaucoup recouraient pour des besoins sans cesse renaissants.

Mgr Alexandre Milon.

Successeur immédiat de Mgr Jean de Catellan, Mgr Milon occupa le siège épiscopal de Valence pendant quarante-six ans et mourut en 1771. Evêque, il signait toujours Alexandre Milon, quoique sa famille possédât plusieurs titres de noblesse. Il semble qu'à ses yeux sa dignité épiscopale les effaçait tous. Pendant son long épiscopat, il restaura très généreusement sa cathédrale, institua les écoles gratuites dirigées par les Frères, favorisa les études, les arts, l'Université de Valence et l'Hôpital.

On a retrouvé les mémoires d'un ancien marchand de Valence, dans lesquels sont relatés, sous l'influence des appréciations populaires, les événements de son époque. Une société savante les a fait imprimer. Voici en quels termes, ce bon bourgeois, Michel

Forest, termine le récit des funérailles de Mgr Milon : « *Ainsi finirent les tristes funérailles du plus généreux, du plus charitable, du plus désintéressé des évêques.* »

A l'exemple de son prédécesseur, son testament n'indique pas d'autres héritiers que les pauvres, auxquels, pendant sa vie, il avait fait de nombreuses largèsses.

De nos jours, le chercheur avide des souvenirs du passé trouve, dans les archives de l'hôpital de Valence, des dossiers très soigneusement collationnés, renfermant ces pièces intimes que les familles sont heureuses de posséder pour rappeler à leurs enfants l'origine de leur patrimoine et les noms de ceux qui ont travaillé pour l'augmenter. A l'hôpital de Valence, le chercheur est surpris autant qu'édifié : il rencontre des noms ayant appartenu aux grandes familles de France ; ceux qui les portaient avaient un rang à la Cour de Versailles, c'étaient ces évêques du xviiie siècle auxquels on a tant reproché leurs richesses (1) : toutes ces richesses, il les avaient amassées pour les pauvres ; ces papiers de famille qu'on ne laisse qu'à ceux qu'on a aimés, c'est maintenant le patrimoine des pauvres.

Après la mort de Mgr Milon, on dressa inventaire ; puis tout son mobilier, sa riche collection de tableaux, tout fut vendu aux enchères publiques. Le total, uni aux valeurs, produisit une somme de **728,777** livres, 16 sols, 10 deniers.

Hélas ! la cupidité des héritiers, selon le monde, intente de longs procès. On trouve que Valence est trop petite ville pour que ses hôpitaux aient besoin de tant d'argent. Les avocats déclament contre les biens de main-morte. Les hôpitaux sont biens d'Eglise, dit-on, il ne faut pas augmenter les richesses du clergé. Enfin, le Gouvernement impose une transaction. Il restera, à l'hôpital de Valence, environ trois cent mille francs, que la Révolution dévorera quelques années après.

Cependant, sous le Consulat et l'Empire, M. de Montalivet obtint le rétablissement d'une rente d'environ dix-mille francs, pour remplacer les anciennes rentes possédées, autrefois, par l'hôpital de Valence (2).

---

(1) Même M. Taine, à qui on a fait une grande réputation d'impartialité.
(2) Voir Rapport, publié le 7 avril 1808, par le préfet Marie Descorches.

Dévouement des médecins.

En faisant connaître les largesses des ecclésiastiques envers nos hôpitaux, nous ne voudrions pas laisser croire que les membres du Clergé eussent seuls, à cette époque, le privilège du dévoûment. Voici un fait trop peu connu et bien honorable pour la ville de Valence, en particulier pour le corps médical (1).

On sait qu'autrefois Valence possédait une Université (de 1490 à 1792). Durant l'épiscopat de M⁰ʳ Milon, la Faculté de médecine avait deux professeurs, dont le nom n'était prononcé qu'avec respect et reconnaissance. En 1745, quelques soldats de l'armée du Piémont, atteints de maladie contagieuse, ayant été amenés à Valence et déposés dans les hôpitaux, les deux excellents médecins-professeurs voulurent les soigner et, s'étant enfermés au milieu d'eux, ils contractèrent la maladie et moururent victimes de leur dévoûment. Ces professeurs si méritants étaient MM. Montresse et Ruel.

Mais ici notre admiration augmente encore : deux jeunes agrégés de la même Faculté, MM. Montlovier et Valette, demandèrent comme une faveur de les remplacer auprès du lit des soldats et succombèrent eux aussi par suite de leur héroïque dévoûment.

M⁰ʳ Milon en fut vivement ému. Chancelier de l'Université, il convoqua les membres du corps enseignant et prononça l'éloge des quatre défunts; « également recommandables, dit-il, par leur capacité et par leur charité ».

On voit par là quelle large place tenait, au sein de la société d'autrefois, la pratique de la charité. Il y avait, sous l'influence de la Religion, une sainte émulation à qui viendrait le mieux en aide aux souffrants.

M⁰ʳ Flaore de Grave.

Tous les évêques qui se succèdent, pendant le dix-huitième siècle, sur le siège de Valence, se transmettent le même dévouement pour les pauvres. A M⁰ʳ Milon succède M⁰ʳ de Grave, nommé en 1772, décédé en 1787.

Le mode d'assistance se modifie. Louis XIV, dans son zèle

---

(1) Voir *Histoire de l'Université de Valence*, par l'abbé NADAL, page 238.

pour l'unification administrative, avait condamné la multiplicité des œuvres charitables. Dans chaque ville et bourg, il ne devait y avoir qu'un seul hôpital-général.

Mais l'expérience commençait à montrer qu'un vaste hôpital n'est pas toujours le meilleur moyen d'assister les malheureux. Dans une ville, il y a des infirmes, des malades, qui, dans leur misère, ont encore la consolation d'avoir des enfants, des parents, pauvres mais dévoués, de posséder un logement, peut-être misérable, mais aimé, parce qu'on y a goûté des jours de bonheur. L'hôpital-caserne, quelque bien tenu qu'il soit, ne remplacera jamais le foyer auprès duquel on a bercé ses enfants ou soigné un vieux père.

L'assistance à domicile.

M⁅ᵉ⁆ de Grave comprit que, même après les riches largesses de son prédécesseur en faveur des pauvres, il y aurait pour ceux-ci, dans sa ville épiscopale, une lacune. Il résolut de créer l'assistance du pauvre à domicile, ou mieux il chercha à la régulariser par l'établissement, à Valence, des *Filles de la Charité*, dont le perpétuel dévouement sait suppléer à tout ce qui manque sous le toit de l'indigent et lui procurer des secours nécessaires sans l'éloigner de sa famille.

Il fonda le Bureau de Charité, appelé depuis la Révolution Bureau de Bienfaisance, l'établit, avec les Sœurs chargées de le desservir, dans l'ancien Prieuré de Saint-Félix et lui fit annexer, comme fonds perpétuels, les domaines appartenant à ce prieuré.

Cette assistance à domicile ne fut pas le seul bienfait apporté, en 1778, dans notre ville de Valence, par les Sœurs de Saint-Vincent-de-Paul. M⁅ᵉ⁆ Milon avait doté sa ville épiscopale d'écoles gratuites, dirigées par les disciples de saint Jean-Baptiste de la Salle ; M⁅ᵉ⁆ de Grave procura le même avantage aux jeunes filles, dans la maison des Sœurs de la Charité.

Du reste, c'était justice de conserver, à cette maison, sa destination première de bienfaisance religieuse et de formation pieuse pour l'enfance. Cette maison était la plus ancienne possession de l'Eglise en notre ville (1). Au dix-huitième siècle, les Philosophes

---

(1) Nous devons remarquer que le premier monastère, élevé en l'honneur de S. Félix, premier apôtre de Valence, était situé plus au levant, en dehors des anciens remparts de la ville.

obtenaient la suppression de nombreux monastères ; mais, à cette époque, on savait encore que le respect de la justice est le fondement de toutes sociétés humaines. L'Ordre de Saint-Ruf, auquel avait appartenu ce Prieuré, était supprimé, mais on respectait les droits particuliers de chaque religieux et leur maison était affectée à un service de charité.

Filles de la Charité.

Les Sœurs Grises (c'est le nom qu'on leur donne) ont toujours été aimées à Valence. Pendant la Révolution, deux continuèrent à demeurer dans cet ancien Prieuré, leur résidence. Une d'elles, sœur Françoise, édifia beaucoup la population par son courage au milieu du danger et des épreuves les plus terribles. En vain sa famille l'avait réclamée ; elle resta fidèle dans sa mission auprès des pauvres, mission bien difficile dans un temps de véritable famine et de persécution impie. Sœur Françoise est morte en 1840, pleurée par toute une population qu'elle avait édifiée pendant cinquante-deux ans.

En 1793 et 1794, la famine fut telle à Valence, à la suite des désordres révolutionnaires, que le maire, M. Montalivet, réunit les principaux imposés de la commune, pour leur proposer de garantir un emprunt dont la somme fut fournie par des banquiers de Lyon. Avec cet argent, on acheta du blé, sur le port de Gênes. Des compagnies de la Garde nationale de Valence allèrent au-devant de ce convoi de munitions pour sa sauvegarde. On établit une manutention civile, dans les bâtiments que l'on vient d'enlever (en octobre 1904) aux religieuses de la Visitation. Tant que dura cette disette, le pain fut vendu, au guichet de cette maison, à ceux qui, préalablement, avaient présenté deux certificats, l'un de civisme. l'autre attestant le nombre de personnes à alimenter, certificats délivrés par la mairie.

Cette famine de 1793 avait été causée par la pénurie de la récolte, mais aussi par le discrédit dans lequel étaient tombés les assignats et le commerce.

Le montant de cet emprunt n'a été rendu et la garantie levée que quelques années après, sous Napoléon I".

On comprend combien cette disette et l'avilissément des assignats furent funestes aux hôpitaux. Sœur Françoise, au Bureau de charité, et sœur Dubost, à l'Hôtel-Dieu, acquirent, par leur zèle et la sagesse de leur administration, une popularité bien méritée.

IV

SERVICE HOSPITALIER

Dans ce travail sur les origines de nos hôpitaux, nous avons énuméré de nombreuses créations hospitalières, nous avons fait connaître les noms de quelques bienfaiteurs ; mais nous n'avons presque rien dit du service hospitalier tel qu'il était pratiqué autrefois. C'est à peine si nous avons noté l'appel adressé, à Romans, par le Bureau de Charité et Hélène Tardy, aux Frères de Saint-Jean-de-Dieu et le bien accompli, dans cette ville, par ces saints religieux.

Dans tous ces hôpitaux, si nombreux autrefois, dans ces vastes édifices, construits à la suite des Ordonnances de Louis XIV, comment était fait le service des hospitalisés ? Ce service était-il confié à des laïques, ou exclusivement à des congrégations ?

Nous n'éprouverons aucun embarras à le dire : à des laïques, mais à des laïques animés des mêmes sentiments de Foi et de Piété que les membres de nos congrégations religieuses. C'était pour gagner le Ciel que ces chrétiennes se vouaient au service des malades.

Dans le principe, les hospices, fondés par les monastères ou par les églises, étaient desservis par des auxiliaires laïcs de ces ordres religieux. Puis, de nombreux chrétiens, désireux d'obéir non seulement aux préceptes, mais, de plus, aux conseils évangéliques, consacraient leur vie au soin des malades ou à l'instruction des ignorants, sans être soumis à une règle commune. Même des personnes du monde, comme une sainte Elisabeth de Hongrie, étaient heureuses d'aller, aussi fréquemment qu'elles le pouvaient, servir Jésus-Christ dans la personne de ses pauvres. C'était là un des devoirs de la vie chrétienne recommandé par le catéchisme comme moyen de sanctifier le dimanche.

Auprès de chaque hôpital important se forma, peu à peu, telle ou telle congrégation spéciale à cette maison. Ainsi à Lyon, ainsi à Paris, les Bureaux de Charité recrutaient directement les sujets, les préparaient par un noviciat installé dans leurs dépendances, pour l'unique service de leur établissement.

Servantes volontaires des pauvres.

A Valence, ainsi que dans toute la contrée, de nombreuses maisons de charité ont subsisté, pendant des siècles, sous la direction du clergé, sans autre soutien que la générosité des fidèles et le dévouement de personnes pieuses, indépendantes les unes des autres, unies seulement par l'œuvre commune. Ces servantes volontaires des pauvres appartenaient à toutes les classes de la société. Nous avons la preuve de ce fait si édifiant dans les actes inscrits sur le registre du Bureau des pauvres, aux xvii° et xviii° siècles. Au sujet du vieil hôpital, *Hôtel-Dieu-Saint-Jean :*

« Du 28 mars 1635, après-midy, dans l'hospital de Saint-
« Jehan, en la Chambre du Bureau des pauvres convoqué à son
« de cloche, où étaient présens......, a été proposé par led. Sr de
« Vermanton, recteur, qu'après la mort de feue Mad. de la Tou-
« rette, Madame de Bressac, avec l'assistance de honneste Cathe-
« rine Peyrouse, a pris le soin des Pauvres malades (1) »....

Après Mme de Bressac, le même registre mentionne le dévouement des dames des Blains et de Dorne. En 1665, on songea à appeler, pour le service de l'hôpital Saint-Jean, les Frères hospitaliers de la Charité. Ceux-ci, trouvant le local insuffisant, ne purent pas accepter et, en 1669, nous les voyons installés à N.-D. de Charité à Romans.

La nouvelle fondation faite par Mgr de Cosnac, sous le titre d'*Hôpital-général,* est desservie par un dévouement pareil :

« M. le Curé de Saint-Apollinaire a dit que, suivant la prière
« qui lui avait été faite de chercher des sujets d'honnête famille
« qui eussent reçu telle éducation de piété, de modestie et de tra-
« vail à faire espérer qu'elles se voueraient avec succès au service
« de l'Hôpital-Général, et pourraient y acquérir l'esprist de zèle
« et de charité qui animent les *Sœurs directrices* (1), dont le
« petit nombre actuel ne saurait suffire.... a proposé les deux
« filles aînées du sieur Gaspard Dideron, bourgeois » (2).

---

(1) Les de Bressac, seigneurs de Faventines, de Fiancey, formaient une des premières familles de Valence.

(1) Les demoiselles Chaléon, de Deaux, Aymar, fille d'un Conseiller au Présidial ; ces demoiselles déjà installées avaient reçu le titre de *Sœurs direc-trices.*

(2) Sieur Dideron était marchand sur la place La Pierre.

L'annuaire du Dauphiné, publié en 1769, indique que « l'Hô-
« pital Général est desservi par des *Filles dévouées au service*
« *des pauvres* : Madame Vallayer, supérieure ».

Nous avons cité ces divers extraits pour montrer comment
était recruté le personnel de nos hôpitaux. Ces filles du sieur
Dideron font, dans l'hôpital, une année de *probation*, puis, avec
l'agrément de leurs parents, elles seront admises à faire *pro-
fession*, et prendront rang parmi les Sœurs directrices. Celles-ci
ne formaient point un ordre religieux, quoiqu'on leur donnât le
nom de *Sœurs*. C'était le Bureau des pauvres qui délibérait sur
leur admission ; c'était encore lui qui les admettait définitivement
après un temps « de probation de piété, d'aptitude au service des
« pauvres et autres œuvres de charité à pratiquer à l'hôpital ».
Monseigneur l'évêque ou un dignitaire ecclésiastique les revêtait
du voile avec le cérémonial encore aujourd'hui observé pour les
professions religieuses.

Les Congrégations au service des hôpitaux.

Quel que fût le dévouement de ces généreuses chrétiennes, il
est facile de comprendre que ce dévouement ne pouvait pas les
mettre à l'abri des infirmités, des maladies, des chômages forcés.
Or, le service dans un hôpital ne peut pas chômer, parce que la
misère ne chôme pas.

Voilà pourquoi, de toutes parts, on réclamait la création d'instituts religieux formant, pour le service hospitalier, de nombreux
sujets toujours prêts à remplacer les gardes-malades qui avaient
succombé à la peine.

Nous avons vu, à Romans, Hélène Tardy donner, à sa ville
natale, une grosse fortune pour assurer à son hospice le service
des Frères hospitaliers. A Valence, en 1683, quatre sœurs trinitaires furent appelées du diocèse de Lyon, par Mgr de Cosnac,
pour régir et administrer l'Hôtel-Dieu de Valence.

Sœurs Trinitaires.

En 1693, le Bureau des pauvres ayant vu à l'œuvre pendant dix
ans ces religieuses, passe avec elle une nouvelle convention, leur
donnant à forfait la charge du service de l'Hôtel-Dieu-Saint-Jean,
dans lequel étaient reçus non seulement les malades civils, mais
de plus les militaires.

En 1703, cette communauté devient un institut valentinois formant ses novices auprès des malades qu'elles seront appelées à soigner. L'année suivante, elles s'établissent, dans les mêmes conditions, à *Notre-Dame de Pitié*, hôpital de Montélimar.

Mgr Alexandre Milon, nommé évêque de Valence, en 1725, leur obtient, en mai 1727, des Lettres patentes les autorisant à s'associer d'autres membres et à former une communauté sous les ordres et autorité des évêques (1). L'annuaire du Dauphiné, pour l'année 1769, énumère l'hôpital au nombre des corps ecclésiastiques de Valence et donne l'indication suivante : « Les « directrices de l'Hôtel-Dieu sont des sœurs séculières de la « Trinité : Mme de Grandmaison, supérieure ».

Pendant les plus mauvais jours de la Révolution, les Sœurs Trinitaires demeurèrent courageusement à leur poste. Leurs salles de l'Hôtel-Dieu étaient remplies de soldats malades ou blessés. Nous avons lu dans un rapport du maire Planta que, de fort loin, les militaires invalides demandaient à être versés sur l'hôpital de Valence, tant la bonne réputation de ses Sœurs était connue dans l'armée.

On raconte qu'un jour, la supérieure, qu'on nommait alors la *citoyenne Dubost*, fut arrêtée par quelques bandits et conduite en prison. Les malades la réclamèrent avec tant d'énergie que le soir même il fallut la remettre en liberté. « Vous m'avez amenée ici « en voiture, dit-elle, vous devez me ramener chez moi avec le « même honneur ». Cette religieuse, personne d'une foi profonde et d'un grand caractère, trouva le moyen d'avoir toujours, dans son hôpital, des prêtres fidèles pour procurer à ses malades les secours de la Religion.

Après la tourmente, le préfet Descorches, chargé de rétablir l'ordre dans le département de la Drôme, fut émerveillé de la bonne gestion de l'Hôtel-Dieu, uniquement confié aux religieuses Trinitaires. Il les félicita de leur courage et de leur dévouement si désintéressé. Voulant leur donner un témoignage perpétuel de la reconnaissance de l'Administration, il offrit à la Supérieure

---

(1) Nous ne pouvons pas nous empêcher de gémir en voyant solliciter, auprès du roi, des Lettres-patentes, prétendues nécessaires pour autoriser des Françaises à servir les pauvres dans un hôpital. De nos jours, les sectaires ont profité de ces autorisations illogiques, on n'a eu qu'à les retirer pour trouver un prétexte à des persécutions sauvages. Réclamons la liberté du bien pour les congrégations comme pour tous.

une croix d'argent, telle que les Trinitaires la portent aujourd'hu
sur leur poitrine, la priant de l'ajouter au costume de la Congr
gation, ce qui fut approuvé par l'évêque et accepté par les Sœur

Malheureusement, le peu d'espace laissé au vieil Hôtel-Dieu
Saint-Jean ramenait toujours, au sein des Commissions adminis
tratives, les mêmes difficultés. Il fallait reconstruire ces murail
délabrées, et on n'osait pas rebâtir un hôpital au centre de la vill
et sur un emplacement qu'on ne pouvait pas agrandir.

Ce fut là le motif qui fit abandonner l'ancien local de l'Hôte
Dieu pour transporter tous ses malades à l'Hôpital-Général, établ
depuis 1804, dans l'ancien couvent des Capucins, où il se trouv
encore installé de nos jours (1).

Mais si l'institut de la Trinité n'est plus, à Valence, chargé d
l'hôpital, ses religieuses n'en ont pas moins gardé le zèle arde
pour toutes les œuvres de charité qui les avaient distinguées dan
notre ville, berceau de leur Congrégation, leur centre et Maison
Mère. Aujourd'hui, elles desservent de nombreux hôpitaux e
France et à l'Etranger. Elles ont vaillamment suivi notre arm
en Algérie. Elles ont aidé à la pacification de cette belle colonie e
y installant des ambulances, infirmeries, écoles, hôpitaux. On
vu, à Valence, d'illustres généraux, gouverneurs de l'Algéri
venir témoigner leur reconnaissance à ces saintes et vaillant
religieuses pour le bien signalé qu'elles ont accompli dans cet
colonie. Elles y ont commencé leur apostolat vers 1840, grâce a
zèle et aux largesses de deux chrétiennes de Crest, Mmes Lioud
Bovet. Trois ou quatre cents religieuses Trinitaires y desservaie
leurs nombreux hôpitaux, ambulances et écoles.

Sœurs du Saint-Sacrement

Les grands établissements créés à la suite des édits royaux fa
saient désirer de plus en plus la formation de congrégation
pouvant disposer de nombreuses religieuses capables de serv
comme infirmières, pharmaciennes et gardes-malades.

Valence possédait, au XVIIIe siècle, une Société de missio

---

(1) La Commission administrative de l'Hôpital-Général prit possession
l'ancien couvent des capucins, le 18 vendémiaire an XII (11 octobre 1803
mais la translation complète de l'Hôtel-Dieu au nouvel Hôpital-Génér
n'eut lieu qu'en 1818. Elle est constatée par un procès-verbal du 11 juillet
cette année.

naires, connue sous le nom de prêtres du Saint-Sacrement. Un des plus zélés était le P. Vigne, protestant miraculeusement converti à la foi catholique, vers 1690. Dans ses missions, au milieu des montagnes du Vivarais, il avait rencontré, vers 1711, quelques vertueuses filles qui se mirent sous sa direction spirituelle. Bientôt elles fournirent de pieuses institutrices pour l'éducation d'enfants abandonnés. Leur dévouement fut bien vite connu au loin. On les nomma les Sœurs du Saint-Sacrement.

En 1739, Mgr Gabriel de Cosnac, neveu de l'évêque Daniel de Cosnac, qui avait fondé l'Hôpital-Général de Valence, les appela pour desservir l'hôpital de Die, sa ville épiscopale.

A *Pierrelatte*, ce fut le curé, M. Faure, qui offrit à ces religieuses une maison qu'il avait fait bâtir et dans laquelle il se proposait de fonder une école et un hôpital. Le fonds sur lequel reposait cette double institution était modeste : le revenu de 4.000 livres. L'école fut ouverte en 1758, mais l'hôpital avait besoin d'être meublé et doté.

« Les Sœurs n'hésitèrent pas, elles font un appel général à la charité de la population ; parcourant les rues, les campagnes, elles sollicitent les aumônes des fermiers, des propriétaires du pays. Les quêteuses rencontrent partout bon accueil, des cœurs généreux leur donnent largement. L'hôpital de Pierrelatte était fondé. Que l'on compte, depuis 1758, combien de pauvres infirmes et de vieillards, sans ressources et sans famille, ont pu être abrités, soulagés et consolés, sans augmentation de dépenses imposées à personne, grâce au dévouement de ces Sœurs, du curé qui les a appelées et des chrétiens charitables » (1).

Saint-Paul-trois-Châteaux, ville épiscopale, est proche de Pierrelatte ; les Sœurs du Saint-Sacrement y sont appelées également pour le service des pauvres malades. De même à *Grignan*.

Le *Buis-les-Baronnies* avait aussi appelé, avant 1790, les mêmes religieuses. Vers 1835, le choléra sévit dans ce petit pays, les religieuses redoublent d'activité pour soigner tous les malades, et la supérieure, sœur Saint-Jérôme Bravais, de Valence, meurt victime de son dévouement.

Nyons et quarante localités avaient déjà, avant la Révolution, appelé ces humbles et héroïques religieuses.

---

(1) L'abbé NADAL, chanoine, *Origines monastiques*.

Valence leur confiait, en août 1787, son Hôpital-Général, fondé par M⁏ Daniel de Cosnac.

La persécution à Valence.

Mais voici la persécution. En 1792, toutes les congrégations sont abolies. La modeste maison-mère de Boucieu, cachée dans les montagnes du Vivarais, est envahie et bientôt vendue. Les Sœurs du Saint-Sacrement, chassées de leurs écoles et des hospices, ne savent où se réfugier. Les quatre qui desservaient l'hôpital de Valence, sont forcées de fuir sous des vêtements étrangers à leur état religieux.

En 1789, on comptait en France neuf cent cinquante-sept hôpitaux, dont beaucoup étaient largement pourvus de ressources pour le soulagement de toutes les infortunes. La tempête révolutionnaire faillit tout anéantir.

« Les hôpitaux tombèrent dans un état déplorable. L'anéantisse-
« ment d'une portion de leurs revenus par la vente de leurs biens
« les réduisait à la plus extrême détresse. On voyait une quan-
« tité d'enfants abandonnés, que la charité publique ne recueillait
« plus, ou qui étaient confiés à de malheureuses nourrices, dont
« les gages n'étaient pas payés. On redemandait presque partout
« les Sœurs hospitalières pour le service des hôpitaux ». (THIERS,
Hist. du Consulat et de l'Empire, tome III, p. 295.)

A Valence, après six mois d'administration complètement laïque, tout était pillé, dévasté et les malades abandonnés.

Les révolutionnaires avaient chassé les religieuses du Saint-Sacrement et obligé les Sœurs Trinitaires à abandonner leur costume.

L'ancienne Supérieure de l'hôpital s'était réfugiée dans sa famille, à Sainte-Cécile, près de cette ville d'Orange qui avait vu, en un an, trois cent trente-deux victimes monter sur l'échafaud : religieuses, prêtres, nobles, ouvriers, paysans.

A la mort de Robespierre, la ville de Valence put reconquérir ses droits.

La Révolution n'était pas terminée, l'orage était toujours menaçant.

Toutefois, une nouvelle administration s'empressa de rappeler l'ancienne Supérieure.

Nous possédons deux lettres, très authentiques, des sieurs Boveron et Chaix-Deloche réclamant le retour des religieuses du Saint-

Sacrement. Elles montrent combien ce retour était désiré. Nous donnons la première, la seconde renouvelant les mêmes instances.

A la citoyenne Cécile Descour, à Sainte-Cécile, district d'Orange, département de Vaucluse.

Valence, le 17 pluviôse an III° (5 février 1795).

Citoyenne,

Je suis chargé par la nouvelle administration de l'hôpital de cette ville de vous engager à venir prendre les rênes du gouvernement de cette maison. La supériorité de vos talents, l'excès de votre amour pour les pauvres réclament impérieusement votre présence dans cet hospice de charité.

L'administration, après avoir arrêté qu'elle congédierait incessamment la directrice actuelle, a fixé invariablement son choix sur votre personne respectable à l'unanimité des suffrages. Je me plais à croire que, sans cesse pénétrée du désir de faire le plus de bien qu'il vous est possible, désir que vous mettiez en action par la pratique de toutes les vertus, vous ne vous refuserez pas à l'exercice de tout celui qui vous est aujourd'hui présenté et auquel vous appelle la Providence d'une manière sensible et toute particulière.

Que si c'est un moyen de vous attirer vers nous, de vous annoncer qu'ici vous pourrez aimer Dieu et le servir ainsi que les pauvres qui sont ses membres, suivant vos habitudes et vos maximes, je pourrais vous apprendre que jamais, et en aucun temps, votre conscience ne sera gênée et qu'il vous sera facultatif de rendre sans contrainte au Principe Éternel de toutes choses l'hommage le plus conforme aux inclinations de votre cœur.

Je suis encore spécialement chargé de vous prier de vouloir bien vous adjoindre les coopératrices que vous jugerez les plus propres à vous seconder dans vos œuvres quotidiennes de charité. La citoyenne Dubost, directrice de l'Hôtel-Dieu, qui veut bien m'honorer de quelque estime et qui vous est particulièrement connue, m'a parlé de la sœur Saint-Jérôme et de ses éminentes qualités ; peut-être songerez-vous à vous l'associer et la déterminerez-vous à vous suivre. Nous possédons aussi dans cette ville une jeune personne d'un mérite distingué, appelée *Roux*, autrefois religieuse de l'Ordre où vous étiez vous-même et dont le nom pour lors était Saint-Félix. Elle désire bien ardemment de participer à la gloire de vos utiles travaux en combattant sous votre bannière, c'est-à-dire en servant les pauvres sous votre direction, de tout son zèle et de tout son cœur. L'administration, à qui on a rendu compte de ce sujet rare, souhaiterait que vous vous l'attachassiez, mais, empressée de vous témoigner la haute confiance que lui inspirent vos vertus, elle vous laisse, dans les choix que vous voudrez bien faire, la plus grande latitude. Cependant ces choix doivent être bornés dans leur nombre qui, pour le moment présent, ne peut aller que jusqu'à trois.

Voilà, citoyenne, une lettre éternelle ; je vous prie d'en excuser la fastidieuse longueur, c'est qu'il fallait vous instruire de tous ces détails pour opérer votre détermination. Je me flatte qu'elle sera affirmative et que vous réaliserez par une prompte réponse les espérances et les vœux de l'Administration qui se glorifiera sans doute bientôt de vous avoir reconquise pour le bien des pauvres et le salut de l'humanité souffrante.

BOVERON, *administrateur de l'Hôpital.*

Retour des Sœurs hospitalières.

On le voit, par cette lettre, au lendemain de la Terreur, les partisans de la Révolution eux-mêmes étaient bien vite revenus de leur engoûment pour les hospitalières *laïques*. Dans toute la France, il en fut de même. Malheureusement, la tempête avait, en quelques mois, anéanti toutes les ressources dont disposaient les hôpitaux. Le célèbre Hôpital-Général de Paris, avant la Révolution, possédait, à lui seul, un revenu de 3.55o.ooo francs ; la presque totalité en fut perdue, par suite de la mauvaise administration pendant la Révolution (DEZOBRY). En vain par de nouvelles lois, de 1797 à 1804, on essaya de leur trouver de nouvelles ressources, les hôpitaux ne pouvaient plus alimenter leurs malades.

A Valence, les Sœurs du Saint-Sacrement, dès leur retour, se mirent à mendier le pain de leurs pauvres. Il fallut trouver, auprès des familles généreuses, un nouveau mobilier, du linge, des vêtements, pour satisfaire aux nécessités les plus pressantes. La *citoyenne* sœur Sainte-Cécile se multiplia pour suffire à tout. Elle ne tarda pas à succomber. Le registre des délibérations du Conseil d'administration renferme son éloge. Le Président exalte les vertus de cette digne Supérieure : « Sa générosité sans bornes, « son zèle prudent dans la difficile gestion qui lui avait été confiée, la grandeur d'âme avec laquelle elle avait surmonté tous « les dégoûts provoqués par l'état de détresse absolue où elle avait « trouvé l'hôpital, la douleur profonde qu'elle éprouvait de ne « pouvoir pas soulager toutes les misères réunies sous ses yeux, « sa tendresse maternelle à l'égard des malades et des infirmes « qu'elle soignait comme ses enfants, sa sollicitude pour les inté-« rêts de la maison, pour l'accroissement de ses ressources.... « *Sœur Sainte-Cécile*, disait-il en terminant, *possédait éminem-« ment toutes les vertus ; elle était le modèle de ses compagnes, « la mère des malheureux, le trésor de l'Administration* ».

Mais ce qui montre, plus éloquemment que les paroles, le dévouement des Sœurs de Charité qui desservirent, pendant la Révolution, ou revinrent de suite après l'orage qui les avait, un moment, dispersées et obligées de trouver un abri contre l'échafaud, c'est l'admiration qu'elles inspirèrent à des magistrats dont la plupart avaient été imbus des doctrines les plus hostiles à la Religion.

Le préfet Marie-Louis Descorches.

En tête de ceux-ci, nous devons placer M. Marie-Louis Descorches qui fut Préfet de la Drôme, de 1800 jusqu'aux Cent-Jours, en 1815. Entré d'abord dans la carrière militaire, il dut la quitter par suite de la faiblesse de sa vue. Employé dans les bureaux des Affaires étrangères, il s'y fit connaître si avantageusement qu'on lui confia les missions diplomatiques les plus difficiles. Il représenta la France : en Pologne, à Venise, à Constantinople, en Egypte. Mais le désarroi de la politique du Directoire fit échouer plusieurs affaires de haute importance, ce qui le détermina à donner sa démission. Bonaparte qui avait apprécié, en Orient, ses grandes qualités, s'empressa, en 1800, de lui offrir la préfecture de la Drôme, avec des pouvoirs extraordinaires.

M. Descorches ne se contenta pas de rétablir la tranquillité et d'assurer le bon fonctionnement des nouvelles institutions, il s'attacha à faire la paix dans les esprits par une administration bienveillante et ferme, toujours équitable. Son zèle releva nos hôpitaux de leurs ruines.

Un mot trouvé dans un des nombreux rapports envoyés par cet administrateur au Ministère, révèle son esprit observateur.

Les Sœurs du Saint-Sacrement venaient d'être appelées à la direction de l'hôpital de Romans. M. le Préfet veut les voir à l'œuvre. Il se rend dans cet établissement. La Supérieure s'empresse de le recevoir et de l'accompagner dans sa visite. Mais soudain on vient annoncer à cette Supérieure qu'un de ses malades se mourait. Aussitôt, celle-ci, ne songeant plus à l'honorable visiteur, court porter à son malade le soulagement et les consolations qu'elle pouvait lui procurer : « Voilà, disait le Préfet, les hospi-« talières qu'il nous faut. Elles n'ont qu'une seule préoccupation, « leur malade ; elles n'ont rien à solliciter pour elles, leur unique « souci est de pouvoir donner une dernière espérance au mou-« rant ».

M. Descorches ne se contenta pas de louer les dévouées re
gieuses du Saint-Sacrement. Il se fit leur protecteur. Leur Maiso
Mère, située, primitivement, à Boulieu, village de l'Ardèch
leur avait été enlevée et vendue, pendant la tourmente révolutio
naire. M. le Préfet sollicita et obtint du Gouvernement qu'on le
cédât l'ancien monastère de Saint-Just à Romans (décret du 11 the
midor an XII, 1" août 1804), pour former des Sœurs hospitalière
Tout y avait été brisé ; pour table, on n'avait qu'un *vieux contr*
vent, il y avait des *châssis en papier* à la place des vitres ; ma
la simplicité et la gaieté conventuelles suppléaient à tout. Le nou
veau couvent leur fut d'autant plus agréable qu'elles durent,
leurs frais et, souvent, par le labeur de chaque religieuse, recon
truire tout l'intérieur du vieux monastère. C'est là que se so
formées des centaines de religieuses, humbles et dévoués servante
des pauvres malades.

Mais, en 1804, il fallait recruter ces futures hospitalières. Le
anciennes disparaissaient, il fallait les remplacer. M. Descorche
n'hésite pas. Lui-même fait un appel. Il envoie à MM. les Sous
Préfets, maires et Commissions administratives, une Lettre-circu
laire, les suppliant tous de rechercher et d'aider par tous les moyen
les cœurs dévoués désireux de se consacrer aux œuvres de charit
et à l'instruction des enfants. Voici une partie de ce documen
qui revêt, à l'heure actuelle, une importance spéciale. La circulair
est datée du 27 juillet 1806 :

« Chacun sait combien le soins des femmes est précieux pou
« les malades, les infirmes et les enfants ; combien il y a de con
« solation pour celui qui souffre, dans la douceur de leur langage
« dans l'adresse de leurs mouvements, dans la sensibilité prompte
« active, de leur âme naturellement compatissante ; combien ce
« soins gagnent encore à être inspirés par les sentiments reli
« gieux, par la ferveur d'une vocation vraiment chrétienne, par l
« témoignage d'une conscience bien pénétrée de cette vérité qu
« Dieu, présent partout, juge suprême de toutes les actions de
« hommes, même de leurs plus secrètes pensées, pèse sans cess
« dans les balances de sa justice leurs œuvres et leurs intention
« et réserve des récompenses éternelles à celles qui auront été
« méritoires devant lui et conformes au premier de ses préceptes
« Aimez-vous les uns les autres... »

M. Descorches fut l'organisateur du département de la Drôme
le restaurateur dévoué et intelligent de nos écoles et des hôpitaux

V

LA CHARITÉ A NOTRE ÉPOQUE

Les désastres de la Révolution, les efforts de l'impiété moderne ont-ils tari la sève de la charité catholique ?

Non assurément.

L'Eglise plantée par Jésus-Christ est un arbre toujours vigoureux ; le sol de la France, dans lequel il prospère, depuis tant de siècles, ne paraît nullement épuisé. Il semble même qu'il arrive à cet arbre divin ce qui se remarque sur les végétaux les plus riches : plus le fer abat les branches devenues inutiles, plus l'arbre se couvre de bourgeons, de feuillages et de fleurs.

Notre étude est déjà trop longue, toutefois nous ne pouvons pas la quitter sans jeter au moins un regard sur les branches de cet arbre divin qui ombragent notre diocèse de Valence et sont son honneur.

Avant la Révolution, le grand apôtre de la charité, saint Vincent de Paul, n'était représenté parmi nous que par la seule fondation de M⁕ de Graves, dans sa ville épiscopale. En notre siècle, nous avons vu ses Sœurs s'établir en plusieurs localités, et nous espérons bien les y revoir. Sans doute les tempêtes amènent des désastres, mais sur les ailes des vents, les semences reviennent, et la semence des vertus divines refleurit toujours. Il y a même des racines si profondes et si fortes que nul orage ne peut ni les arracher ni les briser.

A Valence, les Sœurs de Saint-Vincent-de-Paul avaient recueilli quelques enfants qu'elles formaient aux travaux de l'aiguille. Les membres du Bureau de bienfaisance, dans l'intérêt des familles ouvrières de la ville, voulaient agrandir cette œuvre, mais le capital manquait pour construire un local. Les Sœurs se mettent à l'œuvre et les *Enfants de Marie* ont, depuis cinquante années, leur maison.

A la Providence, ce sont les demoiselles, des familles plus fortunées, qui, sous le titre de Jeunes Economes, ont créé et soutiennent une œuvre d'éducation chrétienne et professionnelle.

Que d'œuvres modestes et très utiles ne pourrions-nous pas mentionner encore !

Les Sœurs de Sainte-Marthe, création du commencement de notre siècle, ont fondé et soutiennent, malgré les lourdes difficultés présentes, plusieurs orphelinats pour les jeunes filles ; citons, en notre diocèse : Saint-Yves à Romans, un second à Upie.

Un atelier de préservation est également établi au couvent du Refuge.

Valence possède encore un Orphelinat agricole qui rappelle le nom du chanoine Belle, mais surtout du savant et dévoué chanoine Nadal (1).

La faux révolutionnaire a beau abattre les fleurs de la charité, dans les jardins de l'Eglise, elles renaissent toujours.

La Teppe.

A Tain, une famille bien chrétienne possédait un remède contre une de ces maladies qui sont le désespoir de la science et une bien triste calamité pour les familles. Depuis plusieurs générations, chaque année, à des époques déterminées, de nombreux épileptiques venaient demander, aux ancêtres de l'honorable M. de Larnage, ce breuvage, unique espoir de ces infortunés. Cet homme généreux comprend que Dieu lui a donné une mission ; qu'il peut, non seulement, procurer à de tels malades le remède que ses pères lui ont transmis, mais encore leur assurer, de suite, ce bienfait d'une existence dont ils ne peuvent pas jouir, obligés de se priver de toutes relations au milieu du monde.

Actuellement, depuis environ cinquante années, le voyageur qui s'approche, en chemin de fer, de la ville de Tain, contemple

---

(1) Au moment de livrer notre travail à l'imprimerie, nous lisons dans le compte-rendu des séances du Conseil Général de la Drôme, 3 mai 1905, que le rapporteur à la Commission des finances, M. Paul Loubet, réclame un état des frais généraux de l'Orphelinat agricole départemental. Il constate que chaque élève coûte annuellement 782 francs aux contribuables.

Pour nous, nous constatons que, avant la laïcisation de cet utile établissement, le regretté M. Nadal, avec le concours des religieuses du Saint-Sacrement, acceptait, à sa charge, chaque élève à raison de deux cents francs par an, qu'il a construit presque tous les bâtiments et mis en exploitation tout ce domaine. Sous sa direction, on a nourri jusqu'à soixante orphelins pendant les années qui ont suivi les désastres de la guerre.

Le département lui accordait quelques secours ; ses principales ressources lui venaient de la charité publique.

au midi des riches coteaux de l'Hermitage, au milieu de verdoyantes prairies, un magnifique établissement, de beaux ombrages, une élégante chapelle. S'il peut, en un moment d'arrêt, venir visiter la résidence de la Teppe, il reconnaîtra que là la sollicitude la plus maternelle n'a rien oublié pour rendre plus douce l'existence de bien-aimés protégés. La chapelle est vraiment la porte du ciel ; là s'unissent fraternellement et le pauvre qui paye, avec son labeur, les soins qu'il reçoit, et le riche heureux de partager, avec des semblables, des avantages qui, ailleurs, ne pourraient lui donner aucune joie.

Ceux-ci ont formé une Conférence de Saint-Vincent de Paul qui est la providence de la contrée ; d'autres profitent du bon accord qui les unit pour faire entendre de joyeuses fanfares. Le soir venu, quelques-uns égaient ce grand nombre de malades par des scènes comiques ou dramatiques.

Çà et là, courent au travail de la maison les bonnes Sœurs de Saint-Vincent. Toujours elles ont une parole consolante à adresser à leurs pensionnaires, un secours à donner aux plus affligés. Quelque grande que soit l'infortune de chacun, on reconnaît bien vite, dans cet hospice, combien est puissante la charité chrétienne pour communiquer une part de véritable bonheur, combien elle est douce aux malheureux.

Les Saintes-Maries.

Mais ces prodiges du dévouement religieux, on les rencontre en chaque département. Traversons le Rhône, allons vers le chef-lieu de l'Ardèche. Là se trouve un vaste hôpital, renfermant mille de ces infortunés privés de leur raison. Il y en a quatre cents qui sont nés dans la Drôme. Qui prendra soin d'eux ? Dans un hôpital ordinaire, le pauvre malade, quelque faible qu'il soit, dira un *merci* à la Sœur qui le soigne ; quelque grossier qu'il puisse être, il est sensible à un bienfait ; là, chez les fous, la Sœur la plus dévouée est toujours obligée de se tenir en garde contre un mauvais coup.

Où trouvera-t-on des jeunes gens ou des jeunes personnes qui consentiront à passer leur vie au service de ces insensés ?

Le 2 juin 1823, dimanche de la Fête-Dieu, un nouveau prêtre, Marie-Joseph Chiron, prenait possession de la paroisse qui venait de lui être assignée : Saint-Martin-l'Inférieur, dans le canton de

Rochemaure, arrondissement de Privas. Il édifia vivement ses paroissiens par sa dévotion envers la sainte Eucharistie et son amour pour la sainte Vierge. On le voyait demeurer de longues heures au pied de l'autel. Bientôt sa piété attire à lui des âmes simples, mais généreuses ; il leur communique son zèle pour Dieu et son dévouement pour le prochain. Une congrégation de jeunes personnes se forme d'elle-même autour du saint curé, on les appelle : *Les Saintes-Maries.*

Le prêtre était tout ému de l'état des pauvres insensés. Il communique autour de lui cette compassion pour ces pauvres âmes, dans lesquelles l'image de Dieu est si défigurée et qui doivent retrouver, au ciel, l'empreinte divine dans toute sa beauté. Par amour pour Jésus Christ, qui aime ces âmes et veut les dédommager un jour, ce jeune prêtre se consacre au service le plus ingrat et le plus humble de tous, au service des pauvres fous ! Et il gagne à ce dévouement, les chrétiennes qui s'étaient placées sous sa direction !

Dieu seul a pu inspirer une telle vocation.

Cependant, il y a des législateurs qui ont juré d'abolir toutes congrégations. On a employé les juristes les plus retors, les mailles de la procédure sont si bien tressées, que nul congréganiste n'échappera.

Et voilà que Dieu suscite un pauvre prêtre, il lui envoie quelques paysannes, des enfants des montagnes, ne sachant qu'aimer Dieu et le prier. Un jour vient, jour du châtiment, et le puissant législateur se trouve en face, peut-être, d'un frère, d'un fils, d'un parent, soudainement privé de la raison.

Oh ! alors, il frappe, en suppliant, à la porte de l'hospice des fous : De grâce, ma Sœur, ayez pitié de notre malheur ! Si vous ne pouvez pas le guérir, du moins sauvez mon honneur, ayez pitié de ma famille !

Hélas ! nous le savons : un souffle de haine s'est répandu sur notre Patrie. On chasse de leurs demeures d'humbles religieuses, on vend à l'encan leur pauvre mobilier injustement saisi, on traque des hommes qui n'ont jamais fait que le bien.

La haine est insatiable. A l'heure actuelle, on se prépare à poursuivre également les pasteurs des paroisses comme on a poursuivi les solitaires de la Chartreuse et les missionnaires.

Cependant que d'œuvres admirables accomplies, non seulement dans les villes, abondantes en ressources, mais encore dans les plus pauvres villages !

Petites-Sœurs des Pauvres.

A Valence, nous possédons une *Maison de vieillards*, et dans la longue énumération des établissements charitables du diocèse, nous ne pouvons pas ne pas mentionner ces Petites-Sœurs des Pauvres, qui, sans ressources assurées à l'avance, entretiennent et savent rendre heureux tant de bons vieux, invalides du travail, ou bonnes vieilles privées de secours.

A qui devons-nous cet hospice qui s'est élevé sans rien demander à personne?

Il y a environ cinquante années, une noble et pieuse dame, prévoyant ses derniers jours, fit appeler, au moment même de la fondation de la nouvelle église paroissiale Notre-Dame, le nouveau curé, M. Didelot. Elle lui remet la somme jugée nécessaire pour la construction d'un hospice qui serait confié aux Petites-Sœurs des Pauvres. L'œuvre est bientôt réalisée et, depuis, les places n'ont jamais été vacantes. Elles sont retenues longtemps à l'avance.

Quel autre éloge pourrions-nous ajouter ?

Mais cet Institut des Petites-Sœurs des Pauvres, qui inspire tant de confiance, et à ses assistés et aux bienfaiteurs qui lui donnent, comment s'est-il formé ?

Ici encore, nous trouvons un pauvre prêtre, M. Le Pailleur, vicaire d'une humble paroisse, en Bretagne, autour de lui quelques paysannes. Elles commencent à quêter pour pouvoir assister quelques vieillards de leur voisinage.

Il y a de cela quelque soixante ans. Aujourd'hui, elles sont répandues dans toute l'Europe, jusqu'en Amérique. Elles ne possèdent rien, prennent soin de milliers et de milliers de pauvres, et vont partout quêtant, comme aux premiers jours, ce pain quotidien que la Providence ne leur a jamais refusé.

Mais si, en Bretagne, Dieu s'est servi d'un simple vicaire et de quelques jeunes chrétiennes, pour susciter des œuvres qui sont la plus pure gloire de notre Patrie, partout Dieu a accompli, par le ministère d'humbles curés, d'autres œuvres, moins célèbres, lesquelles, cependant, continuent, longtemps après leur fondateur, un bien véritable.

Sourds-muets.

A Saint-Laurent-en-Royans, un curé qui a déjà, depuis bien des années, reçu, au Ciel, sa récompense, réunit quelques pauvres enfants sourds-muets. Des religieuses, à force de patience et de dévouement, se mettent en communication avec ces intelligences, qui jusqu'alors n'avaient pas pu s'ouvrir, par faute d'une instruction que personne ne pouvait leur donner ; aujourd'hui des centaines de sourds-muets sont sortis de cet asile, avec la connaissance de Dieu et de leurs devoirs, avec des notions suffisantes pour se former à un métier et jouir de la société de leurs semblables.

Cependant les bonnes *Franciscaines*, qui accomplissent cette œuvre merveilleuse, doivent, chaque année, quêter la subsistance de la plupart de leurs pensionnaires, comme les Petites-Sœurs, c'est l'inépuisable charité chrétienne qui est leur unique fortune !

Mais nous renonçons à pouvoir, ici, énumérer toutes les œuvres fondées et soutenues par le dévouement des prêtres et des pieux fidèles de notre pays. Que d'orphelinats, dans la Drôme, que d'écoles ouvertes, sans ressources pour le lendemain, que de saintes hardiesses entreprises, même dans la dispersion de tous les moyens de secours, mais avec un courage inébranlable !

CONCLUSION

Du reste quelque rapide que soit notre excursion à travers les souvenirs laissés par la charité, en notre diocèse, nous avons été heureux d'y rencontrer la confirmation d'un éloge donné, il y a un peu plus de deux siècles, par l'historien Guy Allard : « Les hôpitaux sont fréquents en Dauphiné, le peuple y étant extrêmement charitable et bienfaisant envers les pauvres. »

Nous y avons également reconnu la vérité de cette affirmation d'un roi de France, dans les Lettres-Patentes de 1756, autorisant l'union des deux hôpitaux de Valence sous la direction d'une seule Assemblée : « Qu'il y avait, à Valence, différents hôpitaux « maisons de charité ou confréries ; que les *anciens évêques de* « *Valence en étaient les fondateurs et leur avaient donné, en* « *grande partie, les biens qu'ils possédaient.* »

Les religieux, les chanoines, les prêtres se sont toujours montrés les fidèles imitateurs des évêques.

Aussi, lorsque au début de la Révolution, le 2 novembre 1789, l'Assemblée Nationale vota que « tous les biens ecclésiastiques « sont à la disposition de la nation, à la charge de pourvoir, d'une « manière convenable, aux frais du culte, à l'entretien de ses « ministres », elle ajouta « et *au soulagement des pauvres* ». — Cette dernière charge fut adjointe parce que l'on savait que, précédemment, elle avait toujours reposé sur le clergé.

Hélas ! depuis, malgré de belles promesses : l'entretien des prêtres consiste trop souvent à les persécuter ; le soulagement des pauvres commença par le pillage des hôpitaux, la ruine de leurs biens et l'abandon des malades ! Les établissements de charité ne se relevèrent qu'après la signature du Concordat.

Aujourd'hui, on veut briser le Concordat. Que le peuple sache où sont ses amis !

C'est le devoir de tous les hommes de bien de défendre des Œuvres qui sont l'honneur du pays et la consolation des affligés.

C'est le devoir surtout de ceux qui aiment Notre-Seigneur Jésus-Christ de soutenir les œuvres qu'il a lui-même suscitées en faveur des pauvres ses frères bien-aimés.

Autrefois, la charité ineffable du Sauveur attirait à Lui les foules de la Judée ; faisons en sorte que le perpétuel miracle de la charité chrétienne continue à lui gagner les cœurs.